Bruce Davis

# Leben aus der Stille



ch. falk-verlag

Aus dem Amerikanischen
von Anna-Christine Raßmann

Redaktion: Peter Güllekes

Titel der Originalausgabe:
*Monastery without Walls*

2. Auflage 1998
Umschlaggestaltung: Sabine Becker-Will

Satz: Indragni, Ascheberg-Herbern
Druck: Druckerei & Verlag Steinmeier, Nördlingen

Printed in Germany
ISBN 3-924161-49-6

# INHALT

Kapitel Sieben

## Die menschlichen Seiten 108



Kapitel Acht

## Weitere spirituelle Übungen 142



Kapitel Neun

## Unsere Seele und die Sterne 178

# Einleitung

Gipfelmomente des Lebens — allein in der Natur, in den Armen eines geliebten Wesens, tief versunken in ein Vorhaben, im Urlaub oder in einer Zeit der inneren Einkehr — solche Momente könnten als Augenblicke intimer Stille betrachtet werden. Jeder Tag ist vollständiger, wenn der Augenblick der Stille kommt. Plötzlich sind wir mit all unseren Sinnen in der Gegenwart, in der stillen Vollkommenheit in uns und um uns. Diese Vollkommenheit, dieser Moment der Schönheit, beschäftigt mehr als unseren Verstand, berührt mehr als unsere Gefühle. Auf unerklärliche Weise erinnert er uns daran, daß wir eine Seele haben und daß wir geliebt werden. Wir meinen, daß sich Mönche und Mystiker in Klöstern oft so fühlen müßten wie wir in diesen Augenblicken.

Wir dürsten ebenso wie die Mönche und Mystiker nach dieser schöpferischen Stille. Doch haben wir uns auch dafür entschieden, eine Familie und einen Beruf zu haben, wir haben ein weltbezogenes Leben gewählt. Der Mönch und Mystiker in uns weiß um die Heiligkeit des abgeschiedenen Lebens, die allem Tun erst Sinn verleiht. Ohne die Möglichkeit zu stiller innerer Betrachtung ist das geschäftige äußere Leben leer und fruchtlos.

Irgendwie müssen wir mehr Zugang zu diesen außerordentlichen Momenten bekommen, wo die Zeit stillzustehen scheint und die einzigartige Gegenwart des Lebens spürbar wird. Diese Augenblicke heiliger Stille können für uns ganz natürlich werden, nämlich dann, wenn wir lernen, dafür wach zu sein, wenn wir lernen, im Kloster zu leben, im Kloster ohne Mauern.

*Das Kloster ohne Mauern weiß von dem Drang des Menschen nach der Stille, nach jener friedlichen Weltabgeschiedenheit, in der die Wurzeln des Heiligen sich in die Seele senken können. Das Kloster ohne Mauern steht für das Verlangen des Menschen, den eigenen geistigen Weg zu finden, die eigene Göttlichkeit und die Göttlichkeit in anderen; es lehrt den reichen Weg der Meditation und des Gebets beschreiten; es rät uns zu einem Leben in Einfachheit und Demut, aus dem wahre Ganzheit erwachsen kann. Das heutige Kloster reicht über die traditionellen Mauern hinaus, weil so viele Menschen nach geistiger Sinngebung hungern und doch wissen, daß sie sich nicht von den Sorgen und Freuden der Welt trennen können. Viele Stimmen in der Natur, in der Welt und in uns selbst verlangen, ja schreien nach unserer Aufmerksamkeit. Ist jeder dieser Schreie Ausdruck unseres gemeinsamen Appells, das Gefühl des Heiligen wiederzuentdecken, heimzukehren in die Stille?*

Kapitel Eins

# Die Stille

## Der Schrei nach Stille

Das zwanzigste Jahrhundert wird vielleicht als dasjenige in die Geschichte eingehen, in dem wir die Stille verloren. Seit der Industriellen Revolution ist in unserem Heim, in den Städten und Bauernhöfen, am Himmel und auf der Erde der Maschinenlärm ständig angewachsen. Das Knallen schallmauerdurchbrechender Düsenmaschinen durchdringt jeden Tag selbst die Stille der tiefsten und entlegensten Wälder. Orte echter Stille werden immer seltener.

Den Lärm der Technik, der unser Leben erfüllt, bemerken wir meist gar nicht, so, als sei er ganz normal. Aber es ist noch gar nicht so lange her, da kamen die lautesten Geräusche von spielenden Kindern, von einem Wasserfall oder dem Hund des Nachbarn, der ein Kaninchen verbellte. Menschliche Geräusche oder die Laute der Natur — Wind, Donner und Meer — waren zu hören. Die vielen Stimmen der Natur erhoben sich und verebbten vor dem Hintergrund der Stille. Jedes Geräusch hatte eine Ursache und eine Wirkung; beide waren leicht zu verstehen. Die Geräusche, die die Luft erfüllten, zeugten von der Gegenwart der Stille in allem Lebendigen. Das Leben gründete in der Stille. Es gab kaum störenden Lärm. Es gab die Stille und die Geräusche der Natur, die aus der Stille kamen.

Der Verlust der täglichen Stille wäre nichts so Tiefgreifendes, wenn wir ihre lebensspendenden Eigenschaften nicht so dringend brauchten. Heutzutage hört man nicht selten sagen: „Ich kann mich gar nicht mehr denken hören!“ Wenn das Leben so laut geworden ist, daß wir uns nicht einmal mehr denken hören können, wie sollen wir dann den Ruf unserer Seele vernehmen? Ist es da verwunderlich, daß so viele Menschen denken und leben, als ob sie keine Seele hätten?

Der Lärm beherrscht unser Zuhause, unsere Nachbarschaft und auch die Orte, an denen wir Ruhe, Erholung und Heilung suchen. Anstatt auf unsere innere Stimme zu horchen, anderen Menschen oder der Natur zu lauschen, haben wir viel öfter die Geräusche von Radios, Fernsehern und anderen Lärmquellen im Ohr. Die moderne Technik hat unser Leben zwar bequemer gemacht, aber sie bedroht unsere Fähigkeit, nach innen zu lauschen, einander zu hören. Es ist leichter für uns, die Fernsteuerung zu bedienen und uns berieseln zu lassen. Aber wir verlieren und vergessen den Reichtum unseres inneren Lebens, wenn wir uns weiterhin von Maschinen verführen lassen, die uns ein besseres Leben versprechen. Mit ihrem Drängen, mehr zu kaufen, mehr zu verbrauchen und schicker auszusehen, dringen sie in unser Wesen ein, begrenzen es und hindern uns daran, Sinn in unserem Sein und Tun zu finden.

Das Fehlen der täglichen friedlichen Stille bedeutet eine gefährliche Herausforderung unserer menschlichen Psyche, der Gemeinschaft und des ganzen Planeten. Therapeuten berichten von den häufigsten Beschwerden ihrer Klienten: es sind Depressionen und Gefühle der Entfremdung von sich selbst und ihrer Umgebung. Wann werden wir erkennen, daß der Lärm, mit dem wir leben, unsere Welt zersplittert, abgestumpft und uns von uns selbst entfremdet hat?

Wir kennen die Liebe nicht, die in der Stille zu finden ist. Die einfache Stille, die uns wieder in die Mitte führt, in den Kern unseres Seins, ist in Gefahr. Die Oasen des Friedens und der Stille, die wir noch finden, können wir nicht genießen. Wahrer Frieden stört die meisten von uns. Wir wissen nicht, was wir mit ihm anfangen sollen. Wir wollen beschäftigt sein. Wir fühlen uns unbehaglich, wenn nicht irgendein Geräusch die Luft erfüllt. Wir sehnen uns so sehr nach Frieden, und doch fürchten wir ihn. Vielleicht haben wir Angst, weil die Stille uns so fremd, so unbekannt geworden ist. Lärm und Streß sind so zu festen Bestandteilen unseres Lebens geworden; selbst wenn wir persönlich nicht darunter leiden, hören wir ständig von denen, die durch sie erkrankt sind. Wir leben unter der Bedrohung von so viel Gewalt, daß wir an die Zärtlichkeit der Stille immer weniger glauben und sie immer schwerer finden und erfahren können.

Der Verlust der stillen Welt in uns und um uns her hat auch eine positive Seite: wir beginnen, ihr erneut Wert beizumessen. Vielen Menschen ist die Stille kostbar, ja heilig geworden, auch wenn sie sie kaum kennen. Noch vor einem Jahrhundert gab es so viel Gelegenheit, Stille zu erleben, daß sich wenige Menschen ihres Wertes bewußt waren. Die Stille war überall. Dann verschwand sie vergleichsweise schnell, in nur wenigen Jahren, und niemand schrie auf. Nur ein paar Kritiker wie Henry David Thoreau und John Muir brandmarkten den Lärm. Jene, die aufschrieen, galten als altmodisch, weltfremd und fortschrittsfeindlich. In Wahrheit waren sie zu Hause in der Stille und litten unter ihrem allmählichen Verschwinden.

Damals wie heute konnten nur wenige Menschen ihrer Dankbarkeit für die stille Schönheit in allem Sein Ausdruck verleihen. Bis zu diesem Jahrhundert kam der Menschheitsgeschichte immer die Stille zu Hilfe, um die menschliche Psyche auf natürliche Weise wieder in Ordnung zu bringen. Die Stille war einfach da, und die Menschheit konnte sich mit der gesamten Natur verbunden fühlen. Die wechselseitige Abhängigkeit zwischen uns und allem Lebendigen wurde uns von der Stille ständig bewußt gemacht. Das verschwindet jetzt sehr schnell aus unserem Bewußtsein. Die gegenwärtige Krise auf unserem Planeten wird vielleicht dazu dienen, daß wir viele Dinge schätzen lernen, die wir früher als selbstverständlich hinnahmen, zum Beispiel die vielen jetzt gefährdeten Tierarten und das Wetter, das sich zu verändern scheint. Weder die Gefährdung der Tierarten noch die Veränderungen des Wetters sind jedoch so gravierend wie unser Verlust der Stille.

In der Vergangenheit zogen Menschen, die der Stille näher sein wollten, entweder in Gemeinschaften zusammen oder wanderten einfach in die Natur hinaus; so war es in den meisten Kulturen. Viele Menschen öffneten sich ganz natürlich dem stillen Wunder in ihrem eigenen Inneren und lebten ganz einfach in der stillen Welt. Klöster, Naturreservate und andere Tempel der Stille brauchten sie nicht, weil es fast überall Gelegenheit gab, in der Abgeschiedenheit Trost zu finden. Jetzt, wo die Stille rar geworden ist, sind alle uns verbliebenen Orte der Stille zum Heiligtum erklärt, und auch das Verständnis der Mysterien der Stille und die Einsichten, die man aus dem Leben mit der Stille gewinnt, gelten als etwas Besonderes und Heiliges. Wir sollten sie davor retten, endgültig in Vergessenheit zu geraten.

*Unser Schrei nach der Stille begann damit, daß wir die vertraute Nähe der Mutterbrust suchten. Dann sehnten wir uns nach Familienausflügen in die Natur oder wollten nachts mit unseren Eltern zusammen im Bett liegen. Wir erinnern uns an die Stille als etwas, was wir immer mit anderen teilen wollten, aber niemals konnten. Es schien niemanden zu geben, der uns helfen wollte zu verstehen, wie sich die Stille anfühlt. Oder vielleicht wurde einfach nie darüber gesprochen. Und doch war die Stille wirklich. Immer wieder schrien wir nach ihr und hofften, jemand würde kommen und mit uns lauschen, irgend jemand, mit dem wir all die wunderbaren Gefühle teilen könnten, die die Stille heimlich zu bergen schien.*

*Der Schrei nach Stille ist in uns. Es ist der Schrei unserer Ur-Stimme, die göttliche Freude vor dem Mutterleib. Der Schrei einer jeden Seele trägt die Erinnerung an den vollkommenen Körper der Liebe in sich, an die Stille. Es ist der Schrei aus den Tiefen in uns, wo die Schöpfung beginnt. Wir spüren, daß wir uns nicht leisten können, die Stille zu verlieren, weil wir die Verbindung mit unserem innersten Wesen verlieren würden, unseren Anschluß an die Ewigkeit.*

*Der Schrei nach Stille steht für jeden Schrei, der ungehört verhallt. Die Stille ist der letzte große Ozean, der alle Wünsche, die großen und die kleinen, in sich aufnimmt. Wenn die Stille aufhört, hört uns niemand mehr zu, und uns bleibt nur noch die Nacht, die sich über uns senken wird.*

## Die Suche nach Stille

Heute suchen die Menschen überall nach dem Frieden und der Liebe, die in der Stille zu finden sind. Wir sparen Geld und Urlaubstage, legen große Entfernungen zurück, machen weite Reisen, um Frieden und Stille zu finden. Und wenn wir sie gefunden haben, sind wir sehr darum besorgt, sie auch gebührend auszukosten. Wir wollen jeden Augenblick der Stille einfangen und festhalten, weil wir wissen, daß es eine Weile dauern kann, bis wir wieder Frieden und Ruhe haben. Wir sehnen uns nach der Stille und haben Angst, sie zu verlieren, wenn wir sie gefunden haben.

Die Menschen probieren viele Wege aus, um zur Stille zu kommen. Früher nahm man an, daß ein Mensch, der nach der Stille dürstete, „die Welt" verlassen und sich hinter die steinernen Mauern eines Klosters begeben müsse. Dort würde ihn die vollkommene Ruhe zum innersten Wesen führen. Die Mönche und Nonnen aber haben über die Jahrhunderte hinweg immer wieder erfahren müssen, daß es gar nicht so leicht ist, sich von weltlichen Gelüsten und weltlichem Lärm zu lösen, ganz gleich, wie weit sie ihnen körperlich entrückt gewesen sein mögen. Es ist sehr schwer, weltliche Sitten und Gewohnheiten abzulegen.

Körperliche Abgeschiedenheit ist keine Garantie dafür, die Stille zu finden, und sie ist auch nur einer der möglichen Wege zu ihr. Ob wir in einem Kloster leben, ob wir allein in der Natur sind oder mitten in einer Menschenmenge — wir müssen uns der Stille öffnen und sie zu schätzen lernen. Dann vielleicht entdecken wir in unserer Beziehung zur stillen Welt das Heilige.

Wir können im Laufe eines jedes Tages die Stille suchen und dabei viele Begegnungen mit ihr haben. Wenn wir wollen, kann unser geregelter Tagesablauf, können unsere Arbeit, unsere Beziehungen, die Augenblicke beim Essen, beim Sport oder wenn wir allein sind, Teil des vollkommenen Weges sein, Augenblick für Augenblick, jeder für sich eine Begegnung mit der Stille. Die vielen verschiedenen Gesichter des Lebens enthalten alle die Stille. In dem Maße, wie wir uns öffnen und uns in der Stille enthüllen, entschleiern sich uns ihre vielen Gesichter. Zwischen unseren inneren und äußeren Welten liegt die Stille; sie ist die große Vermittlerin. In unserem inneren Leben und in der äußeren Welt, um sie herum und durch sie hindurch, strömt die Flut des Immateriellen, die unerforschte, stille Unendlichkeit.

*Gott wohnt in der Stille. Wenn wir nach innen lauschen, entdecken wir den Raum, der für jeden von uns bereitsteht, unseren angestammten Platz in der unendlichen Welt der Stille. Wir geben uns der einfachen Gegenwart unseres Lebens hin und öffnen uns für die Gegenwart Gottes, die Allgegenwart der Liebe.*

Wir begrenzen unsere Suche oft durch die Namen, die wir der Stille geben. Aber die Stille ist größer als alle Namen, Bezeichnungen und Pronomen, die wir mit ihr in Verbindung bringen, größer als jedes Bild, das wir ihr zuordnen. Gott ist jenseits aller Maße. Sie ist mehr als Liebe, wie wir sie kennen. Jeder Versuch, die Stille zu benennen, setzt ihr, die viele Namen hat, Grenzen. Selbst wenn Hunderte von Mönchen und Mystikern in das Reich der Stille gereist sind und sich dort niedergelassen haben, kann uns nur die eigene Erfahrung den richtigen Weg zu ihr weisen. Nur unsere eigenen Bemühungen entdecken uns den goldenen Sinn der Worte, mit denen wir die Stille suchen und beschreiben.

Wir gehören verschiedenen Religionen, unterschiedlichen Gruppierungen an und kleben oft an unseren „Überzeugungen", an „unserem Weg"; dabei müßten wir mehr wagen, uns mehr hingeben, mehr lieben und unsere Bilder loslassen, um die Stille, Gott, frisch und lebendig in uns sein zu lassen. Die Stille ist mehr als unsere Ideen, mehr als unsere letzten Erlebnisse mit ihr. Sie ist immer neu mit uns!

Ist es nicht schlichte Arroganz, der großen Stille irgendeinen Namen zu geben, um angesichts des unendlichen Mysteriums irgendeine begrenzte Sicherheit zu finden? Die Stille gibt uns allen Schutz und Geborgenheit. Manche Menschen glauben, diese Geborgenheit in der Familie zu finden, im Freundeskreis oder in der Stadt, in der sie leben. Manche von uns finden in der Kirche Schutz vor der Unendlichkeit, wo wir die Stille innerhalb einer geordneten und angesehenen Tradition kennenlernen. Was für ein Leben wir uns auch erschaffen haben, ob als Geschäftsmann oder Lehrerin, als Eltern oder einfache Suchende — es liegt alles in der lichten Stille. Die Identität, die wir uns erschaffen und der wir jeden Tag Bedeutung verleihen, ist nur mit ihrer unendlichen, stillen Mithilfe und Unterstützung möglich. Die stille Welt ist so leer, so gebend, daß sie für alle Menschen alles sein kann — unsichtbar, aber offensichtlich voll der vielen Segensgaben des Lebens.

Bei ihrer Suche nach der Stille scheinen sich viele Menschen nur widerwillig in das Unbekannte hineinzuwagen. Sie denken, die Stille sei einfach leer, nichts, die Abwesenheit von Geräusch und Substanz. Aber selbst wenn wir die stille Gegenwart nicht auseinandernehmen und unter ein Mikroskop legen können, auch wenn sie durch ein Teleskop nicht zu sehen ist, selbst wenn wir sie nicht auf atomare Teilchen reduzieren und in Planeten und Galaxien ausdehnen können — sie ist dennoch da. Jeder Verliebte weiß, wie real die Liebe ist, mit all ihren Wundern und Freuden, all ihren Prüfungen und Enttäuschungen, und ebenso erblüht die Stille in unser Leben hinein, wenn wir eine Beziehung zu ihr entwickeln. Wie ein Verliebter sein Herz aufs Spiel setzen muß, um die Reichtümer der Liebe kennenzulernen, müssen auch wir der Stille unser Herz schenken, um ihre Schönheit zu erkennen. Seit Jahrhunderten befassen sich die Denker mit der großen Stille und streiten sich die Gelehrten über sie. Aber die Menschen, die die Stille mit Herz und Seele suchten, mit Körper und Geist, haben sich der Harmonie geöffnet, die unvergleichlich ist. Sie haben die stille Göttlichkeit kennengelernt, indem sie sich von der Stille berühren ließen.

Die Suche nach der Stille wird leichter, wenn wir eine Beziehung zu ihr entwickeln. Je entfernter unsere Beziehung zu ihr ist, desto eher werden wir sie fürchten. Je weniger entwickelt unsere Beziehung ist, desto überwältigender sind unsere Gefühle der Nichtigkeit. In der

Zwischenzeit nimmt die vollkommene Stille alles, was wir tun und fühlen, alles, was wir denken und was uns lieb und wichtig ist, in sich auf. Die Stille nimmt alles, was wir ihr anbieten, unsere kleinsten Gedanken und größten Pläne, sie schafft Platz für alles. Sie schenkt uns leeren Raum zum Erschaffen und lädt uns ein, die Unterstützung zu spüren, die für uns da ist.

*Auf unserer Suche finden wir einen Weg in die Stille durch die Menschen, mit denen wir leben, durch die Räume, in denen wir sind. Jede Beziehung hat eine einzigartige Gegenwart der Stille. Das Kind, die Mutter, die Freundin und der Nachbar tragen alle eine besondere Qualität der Stille in sich. Jeder Berg ist ein Berg der Stille. Jeder Fluß trägt die Stille flußabwärts. Die Wüsten und großen Ebenen erstrecken sich zu Horizonten der Stille. Die Erde schaut nach dem Himmel aus, wo die Wolken, der Mond, die Sonne, die Planeten und Sterne der Stille ihre Körper geben. Und unter dem Himmel ist jedes Geschöpf, jede Pflanze und jede Blume eine Blüte der Stille. Jeden Tag entsteht die Welt aus der Stille heraus. Alles Leben wird aus der Stille geboren und lädt uns ein, zur Quelle zurückzukehren, wo wir von vollkommener, heiliger Stille umgeben sind.*

Während unserer Suche nach der Stille entdecken wir, daß viele der uns verbliebenen Oasen des Friedens und der Ruhe angefeindet werden. Ob es sich um Naturreservate oder die letzten Klöster der Welt handelt — sie sind in Frage gestellt: Ist das Kloster, dieses Überbleibsel aus vergangener Zeit, für die moderne Welt überhaupt noch nötig? Ist dieser der Natur vorbehaltene Wald ein Hemmnis für den Fortschritt? Rückzugsorte der Stille werden rasch und hart verurteilt, sie scheinen mit modernen Bedürfnissen nichts mehr gemein zu haben. Es ist jedoch genau das Gegenteil der Fall: Es ist an der Zeit zu erkennen, daß die letzten Rückzugsorte der Stille genau das sind, was die Welt braucht. So, wie die Natur um ihr Überleben ringt, so ringen auch die Klöster und die Mönche und Mystiker in uns um ihr Überleben und um eine echte geistige Identität.

## Das Kloster

Die Klöster und geistigen Gemeinschaften aller Religionen haben eine gemeinsame Tradition: sie sammeln die Stille zum Nutzen der Seele der Welt. Ihre Nonnen und Mönche haben ein Leben der stillen Betrachtung gewagt, in einer Welt, die Tätigkeit fordert. Kleine Inseln inmitten einer Welt der Geschäftigkeit, sind die Klöster von altersher Orte, die den Kurs des inneren Lebens zeichnen, des Lebens voller Stille. Und von altersher steht jeder Suchende der Versuchung gegenüber, sich zur Geschäftigkeit verführen zu lassen, zu irgendeiner Art von Vergnügen oder Ruhelosigkeit, die ihn vom stillen Pfad des Gebets und der Hingabe entfernt. Klöster aller Religionen sind die historischen Orte, wo wir die Stille suchen und mit ihr leben können.

Wenn wir heute die Stille suchen, treffen wir auf viele Fragen der Gesellschaft, die an die Klosterpforten pochen und die Berechtigung dieser historischen Schulen der Stille in Zweifel ziehen. So, wie die Gesellschaft fragt, fragen sich auch die sensiblen Menschen innerhalb der Klöster: Welche Verantwortung hat der einzelne für die Probleme der Welt? Wie läßt sich die Sexualität mit unserem täglichen Leben und mit dem Sinn unseres Lebens vereinbaren? Was ist Freundschaft und echte Intimität? Wieviel Raum können wir unseren Bedürfnissen nach persönlicher Freiheit lassen, ohne den Bedürfnissen der Gemeinschaft zu schaden? Diese und viele andere Fragen klopfen heftig an die Pforten der Klöster in aller Welt. Aber in Wahrheit bedrängen diese Fragen jeden von uns. Der Mönch oder Mystiker in uns, der der Stille nahe ist, hört das Klopfen stärker. Bevor wir dem Lärm an unserer Tür nachgehen, sollten wir uns jedoch der Tradition erinnern, die die Jahrhunderte überlebt hat. Laßt uns zum Brunnen der Stille gehen und erlaubt den Tiefen der Wahrheit, diese Fragen für uns zu beantworten!

Die Suche nach der Stille liegt in den Tiefen unseres Seins. Im Herzen jedes Mönches und Mystikers steht das Bibelwort: „Geh und verkaufe alles, was du hast, gib es den Armen und komm“. Diese

Worte schrecken viele Menschen ab, schüchtern sie so ein, daß sie sich nicht imstande fühlen, der Gesellschaft der Heiligen zu folgen. Die Einladung der Stille in dieser Aufforderung ist verlorengegangen, nur die Ängste sind geblieben. Die Aufforderung, „Geh und verkaufe alles, was du hast", bedeutet, daß wir unser Verhaftetsein an Dinge aufgeben sollen, die wir für wichtig halten, und uns stattdessen auf die Stille verlassen sollen, die uns alles schenkt, was im Leben wirklich wichtig ist. Und wenn wir eingeladen werden, „den Armen zu geben und zu kommen", sollen wir der Armut, die vor uns liegt, etwas geben, unserer eigenen geistigen Armut und der unseres Nächsten. Mit anderen Worten, wir sind aufgefordert, dort zu lieben, wo Liebe am meisten benötigt wird.

*Die Einladung, „Geh und verkaufe alles, was du hast", fordert uns auf, unsere komplexe Identität loszulassen und uns ganz neu dem hinzugeben, was im Leben von zentraler Wichtigkeit ist, was dem Leben Sinn verleiht. Die Einladung an den Mönch in jedem von uns will das Leben ganz und gar auf die Stille ausrichten, auf das Unsichtbare, das Unbekannte, so daß wir ihre Wahrheit finden können.*

Seit altersher suchen bewußte Menschen in ihrem Herzen nach der Stille. Das Ziel der Stille tut sich vor uns auf, wenn wir uns öffnen und vollständig hingeben, so daß die stille Gegenwart unser ein und alles sein kann. Diese Hingabe ist von zentraler Wichtigkeit für jeden Mönch und Mystiker. Sie bringt den suchenden Teil von uns erst voll ins Sein, indem sie die Seele zum Ziel unseres Lebens macht.

Die Suche nach der Stille, auf die sich geistige Lehrer, Weise, heilige Frauen, bekannte und unbekannte Heilige durch Gebet, Arbeit und Gemeinschaft begeben, gleicht im Grunde der Suche nach echtem Gebet, nach Arbeit und Gemeinschaft, die wir alle anstreben. In den Klöstern der Welt stehen die Mönche und Mystiker vor genau den gleichen Herausforderungen, die auch uns in unserem eigenen Kloster ohne Mauern früher oder später erwachsen.

*Gebet*

Schon immer stillte das Gebet unseren Durst nach der Stille. Aber echtes Beten ist nicht so einfach. Wir meinen, wenn wir nur alles aufgeben und wie ein Mönch oder eine Nonne leben könnten, dann hätten wir die innere Stille, die wir zum Beten brauchen. Wir wollen jedoch nicht allem entsagen, deshalb geben wir uns mit weniger zufrieden als einem Leben voll Reinheit und Stille. Auch Mönche und Nonnen finden tatsächlich nicht so leicht die reine Stille zum Beten. Ob wir viel besitzen oder wenig, mit oder ohne Familie leben, wir stehen jeden Tag vor der Herausforderung, die stillen Räume in uns selbst zu finden. Denn diese Räume vollkommenen Verstehens sind nichts, was wir entweder haben oder nicht, sondern es sind Räume in uns, die wir jeden Tag aufs neue finden müssen. Stille ist nicht einfach das Fehlen von Geräuschen, sondern sie ist die Wahrheit in allen Klängen. Mönche oder Nonnen finden immer noch jede Menge Lärm in ihrem Kopf, Geräusche, die die Mitglieder ihrer Gemeinschaft verursachen, die sie von dem Gebet ihres Herzens ablenken. Stille ist der reine Klang, den wir im Inneren des Lärmes finden, mit dem wir sowohl in uns als auch draußen in der Welt leben. Wenn wir auf die Stille in jedem Geräusch lauschen, finden wir Raum für das Gebet.

*Das Leben ist voller menschlicher Kämpfe, die durch Beten mit Stille erfüllt werden müssen. Das Kloster bietet uns keine Zuflucht vor den Kämpfen des Lebens, sondern es ist einfach ein Ort, wo wir uns erinnern, daß wir in jedem Kampf beten können, so daß die lautlose Gegenwart immer mit uns ist.*

Das Kloster mit oder ohne Mauern ist ein Ort, wo wir das Herzensgebet finden können, das uns in die innere Stille bringt. Im Kloster gibt es keine Schwierigkeit und keine Ablenkung, die mächtiger wäre als das Gebet. Ganz gleich, wie laut oder wie schmerzlich uns das Leben vielleicht erscheint — nur das Gebet vermag uns zu jenem intimen Raum in uns zu bringen, der immer leichter zu erreichen ist und immer größer wird.

*Jedes Kloster bietet uns bestenfalls Obdach für unser Gebet, damit wir unter ihm die Wege der Stille kennenlernen. Die stillen Räume in uns werden feststellen, daß Hindernisse gegen die Stille keine Feinde sind, die es zu bekämpfen gilt, sondern daß sie als Einladung vor uns stehen. Jedes Hindernis ist uns gegeben, daß wir lernen, zu verzeihen und zu heilen, damit uns wieder mehr von unserer Seele zu Bewußtsein kommt. Lärm ist uns zum Heilen gegeben, damit wir wieder von der Stille singen können und die Klänge lauter und klarer unsere Herzen erheben. Jedes Hindernis ist für uns da, für das Gebet, um uns zu helfen, die natürliche Musik der Stille wiederherzustellen, damit aus der Welt wieder eine große Kathedrale der Stille werden kann.*

Mönche und Mystiker haben von altersher gelernt, die Stille nicht auf die Weise zu suchen, daß sie den Lärm der Welt verließen, sondern daß sie den reinen Klang im Lärm der Welt entdeckten. Das Gebet kann uns helfen, die Stille zu entdecken, nicht indem wir irgend etwas aufgeben oder vor dem Leben zurückscheuen, sondern indem wir wach werden für das Leben in all seiner Intensität, in all seiner spielerischen und freudigen Schönheit.

Jedes Gebet ist Teil der Suche, denn jedes Gebet muß sich gegen unseren inneren Lärm behaupten. Es muß sich immer behaupten, ob wir nun beten, weil es von uns erwartet wird, ober ob unser Gebet spontan aus unserer inneren Stille in die größere Stille fließt. Gebete kommen entweder aus einer traditionellen Disziplin oder aus unserer freiwilligen Absicht, unser Herz zu öffnen. Irgendwann stößt unsere Sehnsucht nach einem Leben des Gebets immer an die Abgründe der Enttäuschung. Dann liegt es an uns, ob unser Herzensgebet endet und wir uns abwenden oder ob wir auf ein neues Gebet lauschen, auf ein Gebet der immer tiefer werdenden Sehnsucht. Jeden Tag stehen wir vor der Herausforderung, wach zu sein für das Gebet, für die Stille. Jeden Tag, mit jedem Gebet geht die Suche weiter.

*Das Gebet schenkt uns die Stille, das ganz klare Lied, das einfach ist, voller Hingabe und von sich selbst erfüllt, das in der Natur ist und in jedem Wesen. Die Töne der Stille erheben jeden Vogel und sind für jedes Herz, Ton für Ton, vollkommen.*

*Wenn irgendein Leben des Gebets uns die Stille nicht als unendliche Liebe beschreibt, dann meinen wir nicht die Stille.*

*Arbeit*

Die Suche nach der Stille schließt auch unsere Arbeit ein. Wie das Gebet ist auch die Arbeit für den Mönch oder Mystiker in jedem Menschen eine Herausforderung. Wenn ein Mönch alles aufgibt und ins Kloster geht, muß er noch immer arbeiten. Der Mönch in uns muß jeden Tag eine neue Beziehung zu seiner Arbeit finden. Jeder Tag kann entweder Routine sein oder voller Leben, das hängt von unserer Beziehung zur Stille ab. Sind wir bei unserer Arbeit kreativ und spielerisch, ist sie sinnvoll für uns, oder arbeiten wir nur, um wieder einen Tag hinter uns zu bringen? Wir arbeiten alle, ob wir nun unsere Familie oder eine spirituelle Gemeinschaft unterhalten. Arbeiten wir, um zu überleben, arbeiten wir auf etwas hin, zum Beispiel auf den Urlaub, oder verleiht die Arbeit uns irgendeinen besonderen Status? Arbeit kann uns Gelegenheit geben, die Stille besser kennenzulernen, die Teile von uns zu entdecken, die — ganz gleich, wie beschäftigt wir sein mögen — für die Stille frei sind. Die Arbeit kann uns lehren, uns auch zu den Zeiten auf die verborgene Harmonie zu verlassen, wo wir am meisten unter Druck sind, wo alles auf dem Spiel steht. Auch innerhalb der Mauern des heiligsten aller Klöster gibt es keine leichte Lösung für das Mysterium unserer Beziehung zur Arbeit, aber die Suche nach der wahren Bedeutung der Arbeit hat eine lange Tradition. Auf unserer Suche nach der Stille sind wir aufgefordert, mit Körper, Geist und Gefühl ganz da zu sein. Arbeit erweitert unser inneres Leben, sie öffnet uns wieder und wieder für die stille Welt in uns. Die Stille kann uns so entspannen, daß wir bei der Arbeit mehr von unserem Sein, mehr von unserer Kreativität und unserem inneren Wissen zur Verfügung haben. Arbeit deckt jeden

Aspekt unseres Lebens ab, ob wir mit ihr nun auf der Suche nach Inspiration sind oder durch sie lediglich unseren Lebensunterhalt verdienen.

*Gemeinschaft*

Die Suche nach der Stille setzt sich auch in unseren Beziehungen fort; sie drückt sich in unserem Verhältnis zu Partnern und Gemeinschaften aus, eben darin, wie wir mit dem „anderen" um uns herum in Verbindung treten. Für jeden Menschen schließt Ganzheit Abgeschiedenheit und sinnvolle Beziehungen ein. Der Mönch oder die Nonne in uns sucht echte Beziehungen, die unsere innere Stille stärken, anstatt uns von ihr abzulenken. Ob wir in einer spirituellen Gemeinschaft leben oder mit einem Partner, die Beziehungen können unser Leben des Gebets entweder bereichern oder uns so beschäftigt halten, daß wir uns selbst fremd werden. Ob in einer Gemeinschaft oder mit einem Partner zusammen — wir geben freiwillig unsere Unabhängigkeit auf und lassen einen Teil unseres Eigendünkels fahren. Am Ende sind wir dankbar, daß wir Gelegenheit dazu haben. Manchmal geben wir uns auch unbewußt auf, aus Gewohnheit oder aus Schwäche, und fühlen uns dann hinterher oft schuldig oder sind wütend. Uns der Stille bewußt zu werden bedeutet, in all unseren Beziehungen bewußter und ganzer zu werden.

Beziehungen fordern uns dazu heraus, die Stille der Liebe zu finden. Lassen wir einander in unser Herz, und wenn ja, wie weit hinein? Was ist Intimität anderes als miteinander geteilte Stille? Sind wir uns darüber bewußt, daß mit jedem Menschen, den wir in uns aufnehmen, die Gegenwart der Stille zu uns kommt, die in ihm ist? Wenn wir eine wahre Beziehung schaffen wollen, müssen wir uns unsere Unterschiedlichkeiten und die Ärgernisse, die vielleicht auftauchen, verzeihen. Vergebung ist in jedem Kloster, ob mit oder ohne Mauern, das zentrale Thema. Bei der Suche nach der Stille geht es oft um unsere Partner, um unsere Familie, um unsere spirituelle Gemeinschaft. Sie sind die sichtbarste Gegenwart der Stille. Sie sind die

Überbringer der Liebe der Stille, sie leben und atmen und nehmen das Wagnis auf sich — im selben Raum mit uns.

Die Mönche und Mystiker in den *Klöstern*, seien sie in der Wüste, in entlegenen Tälern oder auf den Bergen, und der Mönch oder Mystiker im *Inneren* der Menschen, die in den Städten oder auf dem Lande und in jeder Gesellschaftsschicht zu finden sind, sie alle stehen heute vor derselben Herausforderung, demselben Schrei und derselben Suche nach der Stille. Durch die moderne Technik ist die Erde immer kleiner geworden, und bei dem Tempo des modernen Lebens ist jede Oase der Stille in zunehmendem Maße bedroht. Wir suchen nach der inneren Ruhe, welche uns von dem Lärm befreit, der uns belastet, welche die vielen Stimmen, die wir in uns tragen, vereint. Wir suchen nach der intimen Stille, die uns befreit, so daß wir auch im Physischen den Lärm abschaffen können, mit dem wir leben. Und wir suchen die Stille, die uns hilft, uns über den Lärm zu erheben, den wir nicht ändern können. Wir schreien und suchen nach der Stille, die uns mit unseren Partnern, mit unserer Familie und unserer Gemeinschaft vereint. Wir suchen das schweigende Wunder, das uns inspiriert und uns den Sinn des Lebens zeigt. Wir wollen die stillen Räume in uns finden, in denen die Gegenwart der Liebe Zuflucht finden und in unserem Leben wachsen kann.

Kapitel Zwei

# Meditation

*Wir lernen die Stille kennen, die zu den Sternen reicht und noch weiter, wenn wir in den kleinen Dingen eines jeden Tages ihr Wirken erkennen. Die Stille zeigt uns, daß das Licht der Sterne und das Licht in uns aus derselben Liebe bestehen, wenn wir uns öffnen, ihre Schönheit einzulassen.*

Meditation erweitert unser Leben, macht unser Denken leer und Körper und Gefühle bereit für die Stille. Meditation zeigt uns, daß die uns vertrauten Einzelheiten unseres Lebens voller Stille sind. Mehr als eine Technik, mehr als die Wiederholung irgendeiner religiösen Formel, ist Meditation ein Weg, still zu werden, eine Aufforderung an die Stille, Teil von uns zu sein.

Meditation ist mehr als das, was wir normalerweise so nennen. Es sind auch die Momente vor und nach dem Sitzen. Es ist das, was wir in unserem Körper spüren, wenn wir zum Beispiel Yoga machen. Meditation hilft uns, alle die Kurven und Windungen unseres Lebens hindurch bewußt zu bleiben, ganz gleich, wohin wir gehen oder geführt werden.

Im Westen haben wir es damit nicht leicht, weil das westliche Denken auf Geschäftigkeit trainiert ist und belohnt wird, wenn es analytisch, kritisch und produktiv ist. Im Osten ist Meditation etwas Natürliches, denn im östlichen Denken ist ein Leben des einfachen *Seins* hoch angesehen, und man weiß, daß der Kreislauf von Zeit und Zeitlosigkeit für jede Seele von zentraler Bedeutung ist.

Im Osten ist Meditation Teil der Realität, eine Seele in einem von Millionen bevölkerten Land zu sein. Man legt Wert darauf, seinen

Platz hier und jetzt und in der Ewigkeit zu finden. Meditation ist ein Teil des Lebens, in dem ein liebender Gott die Angst vertreibt. Die Hingabe an die Liebe in der Stille tritt an die Stelle der Hingabe an materielle Dinge. Viele Menschen ehren und suchen die Stille.

Im Westen müssen wir uns bewußter die Zeit nehmen, uns auf die Stille einzustimmen. Ob wir nun in unserem Zimmer vor einem einfachen Altar aus Kerzen und Blumen meditieren oder in der Kirche bei der heiligen Messe — wir nehmen uns damit die Zeit, uns an der stillen Gegenwart zu freuen. Ob wir einfach nur ruhig in der Natur weilen oder geistliche Musik hören — beides sind Gelegenheiten für unsere Seele, sich sicher zu fühlen, im innersten Einssein zu atmen und sich zu entspannen. Ob wir aktiv beten oder einfach still sind, ob wir allein sind oder in einer Gruppe — durch die Hinwendung zur Stille finden wir die Seinsweise unserer Seele selbst. Und in dem Maße, wie wir immer neu und anders die Bedürfnisse unserer Seele spüren, verändert sich auch unsere Meditation. Wir meditieren, um unserer Seele mehr Raum zu schaffen, in dem sie gegenwärtig sein kann.

Durch die Meditation erkennen wir, welche Gedanken unnötig sind; sie verlieren an Kraft und kommen schließlich zur Ruhe. Das Denken kann geborgen in den Armen der Stille ruhen, wo die Verletzlichkeit des Lebens angenommen, geliebt und umsorgt wird. Die Meditation ist die tägliche „Stille-Mahlzeit", bei der Kopf und Herz sich vereinen, um uns zu nähren. Meditation stellt das Vertrauen wieder her, unser Wille verschmilzt mit dem Willen der Stille. Meditation ist wie ein Trunk aus der Quelle, aus dem Brunnen der Stille in uns, ein Trunk, der unsere Seele mit der unendlichen Stille vereint.

Meditation nimmt die Schwere aus unserem Denken, aus unseren Gefühlen, aus unserem Körper und unseren Beziehungen. Der Seelenfrieden, den wir dadurch erleben, wirkt in jeden Bereich unseres Lebens hinein. Meditation ist keine Zeit, um unsere Sorgen einmal kurz beseitezustellen, sondern um bewußter der Stille in unserem täglichen Leben zu lauschen. Meditation ist die Stille in uns, die der großen unendlichen Stille lauscht. Ordnung wird wieder hergestellt.

Die Dinge kommen ins Gleichgewicht. Der volle Klang in der Stille erhebt unser ganzes Wesen.

Meditation öffnet ein Fenster, so daß die Stille unmittelbar bei uns sein kann. In der Meditation können wir die Worte der wortlosen Welt vernehmen. Wir können die Stille hören und spüren. Wir können den Willen der unveränderlichen Liebe in uns erfahren.

In dem Maße, wie wir der großen Liebe in der Stille immer mehr von uns entgegenbringen, hat unser Verstand weniger zu denken und zu sorgen. Wir können uns unmittelbar auf das konzentrieren, was uns gerade angeht, unsere Gefühle sind weniger überwältigend und leichter zu billigen. Die tägliche Meditation wird zu etwas Natürlichem, weil unser Denken leer wird, bereit für die Stille. Meditation bringt unser Denken auf die Schwingungsfrequenz der liebenden Stille, der Liebe, nach der unsere Seele sich sehnt.

*Seelen, die den Mut haben zu meditieren, stellen sich in die Stille wie ein leeres Gefäß. Und natürlich füllt die vollkommene Stille das Gefäß und fließt immer weiter, über den Rand hinaus.*

Meditation lehrt uns, einen Platz für die unnötigen Gedanken zu finden, die uns noch im Wege sind. Die Gedanken, die in unserem Bewußtsein ein und aus gehen, die heimatlosen Gedanken, die immer wiederkommen, haben wir selbst erschaffen, um die Intensität der Stille zu mildern, auch ihre Süße. In Wirklichkeit sind sie nichts. Aber solange wir eifrig denken, hindern unsere Gedanken die schöne Stille daran, unsere Seele zu überfluten. Wir meditieren nicht. Inmitten der überwältigenden Einfachheit, die bereit ist, sich mit uns zu vereinen, sind wir beschäftigt. Schenken wir unseren Gedanken weniger Aufmerksamkeit! Meditation ist nicht nur eine Übung des Bewußtseins, sondern auch ein Ausdruck unseres körperlichen Hungers nach dem Göttlichen, nach unserer Verbindung mit der vollkommenen Stille. Wenn wir uns versenken und unsere Sehnsucht nach der Liebe spüren, müssen wir merken, wie nahe uns die Vertrautheit der Stille ist.

Jedesmal, wenn wir meditieren, halten wir inne, wo wir gerade sind, und spüren wieder die Stille um uns her, die Stille in uns. Meditation ist immer aufs neue die Erinnerung daran, daß wir in der stillen Harmonie leben, daß unser Leben von Stille umkleidet ist. Meditieren heißt üben, in der Gegenwart zu sein.

Wenn wir einmal gelernt haben, wie wir die nutzlosen Gedanken anhalten und einfach in der Gegenwart sein können, erkennen wir leichter, daß die Stille bei uns ist und uns leitet. Viele Menschen spüren ihre eigene innere Führung nicht, weil sie kein Gefühl für die Gegenwart der Stille in ihrem Inneren haben. Meditation schafft diesen Ort der Einfachheit in uns, so daß wir die Stimme, die uns leitet, hören können, die Stimme, die aus der wahren Stille, aus unserem Wesensgrunde kommt. Wir lernen, diese „wahre Stimme" von dem Lärm zu unterscheiden, in dem wir leben. Es ist die Stimme, die nicht aus Angst reagiert, sondern uns ganz sanft der Liebe in der Stille näherbringt. Sie spricht für unser innerstes Wesen, anstatt den lautesten Stimmen um uns herum nachzuplappern. Sie hat einen Klang und eine Melodie, deren Wahrheit die, „die Ohren haben", hören können und der sie vertrauen.

Meditation heißt, wieder und wieder zu lauschen. Meditation ist die Zeit, wo wir die Stille bitten, uns mit auf die Reise zu nehmen, nach der wir uns immer gesehnt haben. Es sind die Zeiten, wo wir üben zu horchen, wonach unsere Seele wirklich verlangt. Meditation ist die Zeit, wo wir dem unerschaffenen Sein sagen, was wir wollen, und die Stille um das bitten, was das Beste für uns ist. Unsere Zwiegespräche zwischen Verstand und Seele, zwischen unserem Herzen und dem großen Herzen in der Stille lassen uns die eine Stimme der Wahrheit für unser Leben finden. Es ist die Zeit, wo die Stille bestätigt, was wir denken, worüber wir uns Sorgen machen, was wir suchen und wofür unsere Seele in Wahrheit hier ist. Es ist die Zeit, wo die vollkommene Liebe in uns den Lärm in unserem Herzen von dem reinen Verlangen trennen kann, das in uns ist. Meditation befreit uns von der Sucht nach so vielen kleinen Tröstungen, weil die Stille unser wahrer Trost ist. Sie entbindet uns von unseren täglichen kleinen

Verzweiflungen, weil die vollkommene Stille unsere inneren Ängste beruhigt. Wir sind nicht länger gehetzt und beschäftigt, wenn wir merken, wie sehr die Stille bei uns ist, wie sehr sie in unserem Leben für uns lebt und wirkt.

Es gibt keine unfehlbaren Techniken für die Meditation. Meditation ist mehr als die Frage, wie lange oder wie kurz wir stillsitzen oder wie gesammelt oder geteilt unsere Aufmerksamkeit ist. Es gibt Augenblicke, in denen sich eine sehr persönliche Beziehung entwickelt. Meditation ist das Werben, die Liebesgeschichte und schließlich die Ehe, in der wir eins werden mit der Stille und uns nicht mehr dagegen wehren, von ihr in Besitz genommen zu werden.

Die Freude und das Glück einer irdischen Ehe sind nur ein kleines Symbol für das strahlende Licht und die große Liebe, die wir während unserer Vereinigung mit der Stille erleben. In der Meditation entwickeln wir diese Beziehung. Wir meditieren an den schönsten Plätzen — um die Schönheit der Stille zu spüren. Wir meditieren an den friedlichsten Orten — um in den Frieden einzutreten, der in der Stille wohnt. Jede Meditation ist eine weitere Erfahrung mit dem Intimen Wesen. Wir meditieren, bis unser Leben von nichts Geringerem mehr erfüllt ist als der wunderbaren Intimität der Liebe.

Diese Beziehung ruft uns immer und immer wieder in die Gegenwart. Meditieren bringt uns an den Punkt, wo wir nicht mehr vorwärts oder rückwärts schauen, wo es nur noch die Stille und unsere Gefühle gibt. Unser Herz findet seinen heiligen Platz, wenn wir immer wieder lauschen und nach unserem Orte in dem verborgenen Leben rufen. Keine Ablenkung kann uns den Sieg der Liebe in der Stille streitig machen. Unsere Sehnsucht nach der Liebe genügt vollauf, uns ein Leben voll Liebe zu gewähren.

*Meditation bedeutet, daß wir uns wieder anschließen; wir erinnern uns einfach daran, daß wir eine Seele haben. Die einfache Harmonie ist da, wo immer wir auch sind, was immer wir auch tun. Jeder Augenblick der Meditation bringt uns wieder in die Sphäre der unendlichen Schöpfung, erinnert uns an die Fülle der göttlichen Möglichkeiten in unserem Leben.*

## Die Wahrheit des Seins

Meditation führt zu einem Leben voller Wahrheit im Sein, nicht aber zu einer Wahrheit, die sich messen, prüfen und untersuchen läßt. Unser Sein kann jede Messung, jeden Test und jede Untersuchung beeinflussen. Meditation führt zu der Wahrheit des Seins, die nicht so sehr bewertet, was wir tun oder haben, sondern wer wir sind. Sie ermutigt uns, wir selbst zu sein, anstatt zu versuchen, etwas anderes zu werden. Die Wahrheit unseres Seins gibt der Stille, unserer inneren Welt und dem Mönche oder Mystiker in uns einen Platz zum Leben. Was wir erreicht haben, wo wir erfolgreich waren, wird nicht mehr und nicht weniger wichtig genommen, als es ist. Unsere Kämpfe, Sorgen, Herausforderungen und Freuden sind Aspekte des Lebens in der unendlichen Stille. Meditation gibt uns das Selbstvertrauen, den Verheißungen und Versuchungen der Welt zu widerstehen und uns stattdessen der Liebe in der Stille hinzugeben.

Die Wahrheit des einfachen *Seins* kann unsere Lebensweise und letztlich unsere ganze Kultur von Grund auf ändern. Wenn Menschen merken, daß die Liebe in der Stille sie mehr befriedigt als alles Streben nach Rang und Ansehen, stellen sie ihre Lebensweise und ihr schnelles Lebenstempo in Frage. Es treten andere Werte in den Vordergrund: Sein und liebende Sorge um andere anstelle von Haben und Machen. Durch Meditieren erkennen viele Menschen, daß ein Leben voller Stille auf Güter des Konsums und hektische Zeitpläne durchaus verzichten kann.

Meditation läßt uns unsere Angst vor der Armut und Einsamkeit in Zweifel ziehen, führt uns erneut zu der Frage, was uns denn eigentlich bleibendes Glück bringt. Viele Lebensstile werden uns angepriesen. Die Welt will uns immer wieder in die eine oder andere Richtung drängen — in unserer Arbeit und unseren Beziehungen, in unseren Gedanken und Gefühlen. Meditation hilft uns, in unserer inneren Stille zu bleiben, wo wir selbst klären können, was wahr ist und was nur unsere Ängste aktiviert. Die Wahrheit des Seins hat es nicht nötig zu überzeugen. Sie braucht keine Argumente, keine Versprechungen, keine Slogans. Die Stille in uns hört die Wahrheit und erkennt die Liebe, wenn sie mit uns ist. Die Wahrheit des Seins weiß, daß das Leben einfach ist, und wenn es nicht einfach ist, wissen wir, daß wir den Kontakt zur Stille verloren haben.

Ein Leben der Wahrheit genügt nicht nur sich selbst, sondern dient auch anderen. Die Lebensqualität der Menschen um uns her ist Teil unserer eigenen Lebensqualität. Wir brauchen nicht bestimmte Menschen ins Unrecht zu setzen und anderen rechtzugeben, wir umarmen nicht die, die uns nahestehen, und überhören die Schreie derer, die weiter weg sind. Die Stille ist unser aller Heimat. Unsere Meditation hilft uns, überall die Liebe in der Stille zu finden, in jedem Wesen, dem wir begegnen. Diese Liebe vereint uns. Wir möchten dem stillen Sein mehr von uns schenken und merken ganz von selbst, daß wir den anderen mehr geben wollen.

Viele fragen: „Wenn die Wahrheit so leicht zu finden ist, warum ist es dann so schwer, sie zu leben?“ Es hängt davon ab, wie sehr wir in der Stille leben. Unsere Beziehung zur Stille ermöglicht, daß das, was wir verstanden haben, auch zu unserer Lebensweise wird. In dem Maße, wie wir uns der Stille hingeben, können wir anderen mehr von uns geben, in vielen Situationen des Tages. In dem Maße, wie wir lernen, mehr von der Stille anzunehmen, lernen wir auch, aus allen möglichen Lebenslagen Gewinn zu ziehen. Und mit jedem Geben und Annehmen finden wir mehr Wahrheit, aus der wir leben können. Wir merken, daß Geben und Empfangen ein und dasselbe sind. Beides ist möglich, wenn wir den Rückhalt der Stille spüren.

Die Wahrheit des Seins kann in unserem Leben eine tiefe Wirkung hinterlassen. Je mehr wir geben, desto weiter fühlen wir uns. Je weiter wir werden, desto mehr können wir die Liebe in der Stille annehmen, um immer noch mehr geben zu können. Die Wahrheit einer Freundschaft besteht darin, für unsere Freunde besondere Mühen auf uns zu nehmen. Die Wahrheit unseres Reichtums liegt darin, weniger an dem festzuhalten, was wir haben, und zu entdecken, wieviel mehr wir geben können. Die Wahrheit der Liebe liegt darin, so viel Liebe zu verschenken, wie wir vermögen, und zu lernen, uns in allem auf die Quelle der Liebe, die Stille, zu verlassen. Wir geben nicht gern, weil wir Angst vor der Einsamkeit, vor Armut und Leere haben. Indem wir uns verschenken, beweisen wir, daß unsere Ängste grundlos sind.

Die Wahrheit des Seins in der Stille wird umso offenbarer, je mehr wir uns der stillen Gegenwart hingeben. Bei jeder Gelegenheit werden wir mehr von uns geben, wenn wir mehr Stille haben, aus der wir schöpfen können. Deshalb waren die Heiligen immer auch Gebende. Sie fanden das Mitgefühl, das sie in der Stille den anderen nahe sein ließ. Sie lebten so nahe an der Stille, daß das Geben einfach ganz natürlich für sie war. Die Wahrheit des Seins fordert uns auf zu geben, weil so viel Wahrheit da ist. Würden wir nicht geben, bliebe kein Raum für mehr Wahrheit in uns. Wir können nicht gleichzeitig an unseren Ängsten und an der Wahrheit festhalten. Die Wahrheit in der Stille und aus der Stille hilft uns, in jedem Bereich unseres Lebens zu geben, besonders da, wo wir Angst haben und festhalten wollen. Die vollkommene Liebe macht es uns immer wieder aufs neue möglich, unsere Ängste loszulassen.

Wenn wir anderen etwas schenken, schenken wir es der Stille in ihnen. Wann immer wir geben, vereinen wir Seelen und Herzen in der Stille. Wo immer wir teilen, unterstützen wir die Liebe im Sichtbaren und Unsichtbaren. Deshalb ist Geben so wichtig. Meditation läßt uns den Rückhalt der unsichtbaren Welten spüren. Und das tägliche Leben hat immer Gelegenheit, der Liebe in allen Dimensionen etwas zurückzuschenken.

Wenn wir heute etwas lernen, dann meistens, wie man etwas macht oder herstellt. Über die Wahrheit des Seins lernen wir sehr wenig. Durch unsere Erziehung entwickeln wir alle möglichen Fähigkeiten und Fertigkeiten. Die Wahrheit des Seins geht weit darüber hinaus: Sie entwickelt unsere Fähigkeit, ganzheitlich zu leben, zufriedenstellende Beziehungen zu haben, eine annehmbare Arbeit und positive Gefühle zu uns selbst. Wenn unsere Erziehung voller Wahrheit wäre, müßte sie uns etwas über die Stille lehren, müßten wir lernen, Wagnisse einzugehen, um eine Beziehung mit dem Unbekannten zu entwickeln, das unsere wahre Quelle von Sicherheit und Geborgenheit ist. Wenn unsere Erziehung voller Wahrheit wäre, würde sie uns Liebe und Mitgefühl vermitteln und wie wir in vielen verschiedenen Situationen geben und dienen können. Man stelle sich vor, unsere Kinder würden lernen, mutig zu sein, zu geben, zu lieben und sich an die innere Stille zu wenden, um sich und andere besser kennenzulernen! Wahre Erziehung müßte die Gegenwart der Stille einbeziehen. Wahre Erziehung wäre mehr als Geschichte, Mathematik und Naturwissenschaften. Sie würde uns lehren, wie wir in unserem Leben die Ruhe wiederherstellen können, in welcher die Wahrheit des einfachen *Seins* immer greifbar für uns ist.

## Einfache Worte

Wenn wir durch die Meditation zu einem Leben einfachen Seins gefunden haben, machen wir weniger Worte, die mehr Bedeutung haben.

> *Es gibt Worte, die die Luft ein paar Momente lang mit Geräusch erfüllen, und es gibt die einfachen Worte, die aus der Stille kommen und etwas zu sagen haben, wenige ausgewählte Worte, die Seelen in der Stille vereinen. Worte, die einen Wert haben, sprechen immer für die Stille und singen das klare Lied, das die Stille singt. Worte, die wahr sind, suchen nie sich selbst, sondern sie suchen die Stille im anderen, um sie zu nähren oder in ihr zu ruhen.*

Worte, die das Sagen lohnen, sind Worte, die die Stille uns schenkt, um sie mit anderen zu teilen. Deshalb ist Meditation so wichtig. Die Worte, die aus der Stille in uns kommen, sprechen weniger von Angst und mehr von den Gelegenheiten zur Liebe. Es sind fast immer Worte der Liebe, denn Liebe ist das innerste Wesen der lautlosen Gegenwart, und Liebe führt zum Dienen. Worte, die Dauer haben, sind Worte, die das Sein versüßen. Sie machen sich nicht wichtig, kreisen nicht um sich selbst; denn sie wissen, daß jedes Wort, das wir an einen anderen Menschen richten, in unsere eigene innere Stille eingeht. Wahre Worte sind einfach. Sie sind das Fleisch der Stille. Unsere Meditation führt uns zu den Worten mit dem rechten Klang und der richtigen Melodie, zu den einfachen Worten, die die Liebe so vollkommen ausdrücken können, daß sie angenommen wird. Meditation hilft uns, in unserer inneren Stille die heiligen Worte zu finden, die einen anderen tief berühren.

*Nachdem alles gesagt ist, was zu sagen war, kann die Stille zu sprechen beginnen. In uns, durch uns wird die wahre Gegenwart unserem Munde nie die rechten Worte verwehren, die unseren Durst stillen.*

Die Frage bleibt: Wie finden wir die rechten Worte, die Worte, die in der Stille wurzeln? Wie können wir unsere Worte mit Substanz füllen, so daß sie für die große Stille sprechen? Durch Meditieren können wir lernen, aus dem Raum unserer inneren Stille zu sprechen. Hier kommen nur die Worte der Stille, die Worte der spirituellen Liebe, die Gedanken des Gebens in unseren Mund. Die tägliche Meditation erschafft diesen inneren Ort in uns, aus dem wir leben und sprechen können.

Worte, die Substanz haben, sind mehr als nur ehrlich. Manchmal sind wir auch ehrlich, um jemandem etwas heimzuzahlen, um jemanden zu verletzen oder ihn zu beeinflussen. Wir können Ehrlichkeit auch dazu benutzen, anderen unsere Gefühle und unseren Willen aufzudrängen. Jeder von uns hat schon einmal gehört: „Ich bin nur ehrlich zu dir gewesen!“ Dabei aber werden unsere Gefühle verletzt, und der Fall ist dadurch weder geklärt noch abgeschlossen. Ehrlichkeit, die aus einem Gefühl der Liebe und Sorge für den anderen kommt, aus dem Wunsch, zu lieben und einem anderen Menschen wirklich zu dienen, findet Worte, die mehr sind als nur ehrlich, Worte, die wahr sind.

Wenn wir unseren Worten zuhören, erkennen wir allmählich, wann die Stille aus uns spricht. Sollen unsere Worte Eindruck auf andere machen, oder sollen sie ihnen dienen? Sind unsere Worte vorsichtig abschirmend, oder sprechen wir offen und liebevoll? Benutzen wir sie aus egoistischen Motiven oder um der vollkommenen Harmonie willen, weil wir den Menschen, mit dem wir sprechen, lieben und achten? Hüten wir unsere Worte wie einen Besitz, oder sind sie für alle da, die sie aufnehmen wollen?

*Wenn unsere Worte für die Stille sprechen, dann lauschen wir der Stille und bitten, daß die rechten Worte kommen mögen. Die Sprache der Stille ist sehr bewußt, klar und präzise. Sie sagt mit wenigen Worten viel. Ihre Worte machen uns keine Angst. Die Worte der Stille bringen Liebe zum Ausdruck und machen jedes Herz aufnahmebereit. Die Welt braucht weniger Worte, aber dafür Worte mit mehr Bedeutung und Liebe. Unsere Worte können die Worte der Engel sein, erfüllt von der Gegenwart des Heiligen.*

## Das Kloster

Im Kloster wird ständig meditiert. Das ganze Leben des Betens, des Arbeitens und der spirituellen Gemeinschaft ist Teil der Meditation. Die Meditation konzentriert sich auf die Erfahrungen des Alltags und läßt die Meditierenden mehr von der großen Liebe in der Stille erleben. Der Mönch oder die Nonne in unserem eigenen Inneren hat Gelegenheit, ebenso beständig zu sein wie die Mönche und Nonnen in den Klöstern. Durch Meditation wird unser gewöhnliches Leben mit der vollkommenen Stille verwoben, und die Stille webt unser Leben in die Gegenwart der Liebe ein.

Die wenigen aktiven Klöster und stillen Rückzugsorte genügen nicht, um die Gegenwart der Stille für die Welt aufnehmen zu können. Wir alle müssen diese Verantwortung miteinander teilen. Die Stille, die Wahrheit des Seins und die einfachen Worte, die aus der Liebe in der Stille kommen, dürfen nicht verschwinden, denn sonst verschwände auch die Liebe aus unserem Heim, von unseren Arbeitsplätzen und

Heilungsstätten. Durch unsere Meditation schaffen wir die stillen Räume in uns, in unseren Beziehungen und Gemeinschaften. Durch unsere Meditationen bewahren und stärken wir unser inneres Leben, behüten wir die Stille, unser Sein und die Kraft unserer Worte. Unsere Meditationen bringen unsere Worte und Taten zur Quelle zurück, zu unserem inneren Ort der Substanz. Meditation schafft in unserem Leben mehr Raum für die Seele und läßt weniger Platz für Worte und Taten ohne Bedeutung. Meditation läßt uns die Schönheit der Welt sehen, so daß unser Leben diese Schönheit widerspiegeln kann. Meditation führt uns zur Gegenwart der Stille, zum Bewußtsein des Himmels, in dem wir leben können.

Das Kloster ohne Mauern besteht aus Menschen überall auf der Welt, die in der Meditation die Gegenwart der Stille feiern und Freude an einem Leben einfachen Seins empfinden. Im Kloster ohne Mauern sind wir aufgerufen, die Wahrheit des Seins zu bestätigen. Spirituelle Werte stehen über den materiellen Werten. Es werden weniger Worte gesagt, und die, welche wir sprechen, sind erfüllter von der Gegenwart der Liebe, sind einfache Worte, die aus der Stille kommen. Statt ständig auf den Lärm um uns herum zu reagieren, sind wir herausgefordert, unser wahres Leben in der Stille zu finden. In unseren Meditationen laden wir die Stille ein, mit uns zu sein, und wir entdecken sie in jeder Beziehung, in jedem Teil von unserem Leben.

## Kapitel Drei

# Gebet

Das Gebet ist die Sprache der Stille. Da wir die Stille geringschätzen, mißachten wir auch das Gebet. Dabei ist es vielleicht die erste Sprache, ja die einzige, die in jeder Kultur gesprochen wird! Das Gebet ist die Sprache des Herzens. Alltagsworte sind leer, bis sie im Gebet gebraucht werden; dann erst saugen sie sich mit der Substanz der Stille voll, als ob durch das Gebet jedes Wort gehalten und dann der unendlichen Stille übergeben würde. Das Gebet nimmt die Worte aus unserem Herzen und bringt sie dem göttlichen Herzen in der Stille dar. Wir beten um des Betens willen, nicht unbedingt, um zu bekommen, worum wir bitten.

*Beten bringt das gewöhnliche Leben zur Ruhe. Jedes Gebet ist wie eine Führung in den stillen Garten. Dieser Garten ist dort, wo wir unsere Liebe voll ausdrücken können. Mit jedem Gebet tritt das wachsende Licht des Gartens in unsere Augen und in unser Herz. Mit jedem Besuch wird ein weiterer Teil unseres Lebens in den stillen Garten verpflanzt, und wir kehren fester mit der Ewigkeit verbunden zurück. Deshalb stehen Mönche und Mystiker während ihrer kurzen Lebensspanne auf Erden so wenig Ängste aus. Gebet um Gebet kehren sie aus dem vollkommenen Garten zurück, die Taschen voller Samen, die ihre Seele nähren und aus dem Leben einen heilen und reinen Garten machen.*

Das Gebet bringt uns mit allem, was wir brauchen, in die Stille, es bringt unser Leben in die stille Welt, wo alles heil und gut ist. Und natürlich sind jedesmal, wenn wir aus dem stillen Wunder zurückkehren, unsere Hände und Taschen voller Ganzheit und Wohlergehen. Der Erfolg unseres Betens liegt jedoch nicht darin, was wir aus ihm herausholen, sondern in unserer Bereitschaft, dem Herzen der Stille nahe zu sein. Nicht die Worte entscheiden über den Erfolg unseres Gebets, sondern wie sehr wir unser Herz und unsere Sinne, unser ganzes Sein in unsere Worte legen. Je mehr wir beten, desto mehr finden wir die vollkommene Ruhe und Liebe des Gartens.

Es gibt viele Arten des Gebets, die meisten beginnen jedoch mit unserer augenblicklichen Verletztheit. Das Gebet bringt auf ganz natürliche Weise unser unsicheres physisches Leben, das vom Lärm des Alltagslebens verwirrt ist, an den sicheren Ort der Stille. Jedes Wort, begonnen am Rande unserer Verletzlichkeit, wird zu neuen Grenzen gebracht, wo die Seele in der Stille ruht. Beten kann uns augenblicklich jenseits der Worte bringen, dahin, wo es nur Antwort gibt, nur Einssein. Im Gebet hören wir die Worte, noch bevor wir sie aussprechen. Durch das Gebet nimmt die Stille uns in sich auf, bis wir uns verstanden fühlen. Die Stille ist der einzige Ort, der uns ganz und gar annimmt. Wenn wir das einmal erfahren haben, brauchen wir nicht mehr so viel zu kämpfen, um uns selbst etwas zu beweisen, um andere zu überzeugen, daß wir recht haben, oder um den einen Menschen zu finden, der uns versteht. Jedes Gebet führt uns zu einem tieferen Verständnis von uns selbst und den anderen. Jedes Gebet wirft mehr Licht auf den Weg in die Stille.

## Beten für uns selbst

Wenn wir für uns selbst beten, bringen wir unser Alltagsleben, unsere Freuden und Schwierigkeiten in die friedliche Gegenwart der Stille. Das Gebet bringt die Teile unseres Lebens, in denen wir uns wirr und schwer fühlen, dahin, wo es kein Gewicht gibt. Die zersplitterten Teile unseres Lebens kommen zurück in die Liebe der Stille. Deshalb füllen Menschen verschiedener Werdegänge und Kulturkreise, wenn sie mit dem Mysterium des Betens vertraut gemacht werden, oft ihr ganzes Leben mit Beten aus. Jedes Gebet ist unser persönlicher Weg durch die physische Welt in die Reiche der Stille. Wenn wir uns festgefahren und unbeweglich fühlen und zu beten beginnen, öffnet das Gebet die Tür, durch die die Stille in unser Leben einströmen und allein durch ihre Größe die Hindernisse in unserem Leben beiseitefegen kann. Die Macht des Gebets liegt in der Kraft der verborgenen Harmonie. Wenn unser Herz sich dem unendlichen Herzen der Stille öffnet, wird die Macht des Gebetes grenzenlos. Unsere Gebete werden stärker, je bewußter wir uns der gnadenreichen Gegenwart der Liebe werden.

Das tägliche Gebet bringt uns zurück zum großen Herzen der Stille, das uns ganz und gar in sich aufnimmt. Die Liebe kümmert sich um alles, um jede Sorge, um jeden Schrei, so, wie kein Freund oder Partner es könnte. Das Beten für uns selbst verändert langsam unsere Wahrnehmung von uns selbst. Wenn wir in unserem Gebet das große Herz der Stille fühlen, können wir nicht sagen, wo die Liebe anfängt und wo sie endet. Wer will sagen, was unser Herz und was das Herz der Stille ist? Durch unser Beten breitet sich die Welt der Stille in uns aus. Wir werden uns des zentralen Herzens mehr und mehr bewußt. Immer wieder bitten wir in unseren Gebeten, das strahlende Licht und die sanfte Zärtlichkeit annehmen zu können, die die Stille uns schenken will.

## Beten für andere

Wenn wir für andere beten, laden wir die Stille ein, ihnen physisch näher zu sein. Das Beten für andere stärkt nicht nur die Gegenwart der Liebe in den Menschen, für die wir beten, sondern es verbindet auch unsere innere Stille mit der ihren. Das Beten für andere bestätigt uns, wie sehr wir mit allen Wesen verbunden sind. Jedes Gebet macht uns aufs neue bewußt, daß wir in der großen Stille nicht getrennt sind. Jedes Gebet für einen anderen Menschen teilt ihm mit, daß er eine Seele hat und Teil der vollkommenen Stille ist. Das Gebet hilft dem bewußten Denken, loszulassen und sich mehr der unsichtbaren

Harmonie zu ergeben, die uns trägt. Das Gebet für andere wirkt so, als ob wir viele direkte Kanäle in die Stille öffnen würden. Die Liebe in der Stille geht nicht nur auf die Menschen zu, für die wir beten, sondern strahlt auch die Liebe, die wir gegeben haben, auf uns zurück. Jedes Gebet für andere erweitert unser eigenes Wesen, denn wir empfangen die Stille durch die anderen. Sie werden Teil unseres spirituellen Körpers. Zusammen sind wir in der Stille mehr, als wenn wir nur alleine zu ihr kommen.

Wenn wir für uns selbst beten, werden wir ruhiger und fühlen uns weniger getrennt. Wenn wir jedoch für andere beten, wollen wir oft gleich sehen, ob es wirkt. Uns einfach in der Stille mit ihnen zu verbinden und sie durch das Gebet zu lieben, genügt uns häufig nicht. Wir meinen, das Wichtige sei nicht das Gebet selbst, sondern das Ergebnis. Wir sind versucht, die Stille und das Gebet nach ihrer praktischen Wirkung zu beurteilen. Von der Stille aus gesehen, ist es jedoch nicht wichtig, daß das Gebet erhört, sondern daß es gesprochen wird. Unser Bedürfnis nach Beweisen der Macht der Stille kommt aus unserer Angst, daß wir vielleicht doch allein sind, daß am Ende gar keine besondere Gegenwart bei uns ist. Es fällt uns manchmal schwer, an eine große Gegenwart zu glauben, die die Stille und die Welt zusammenhält. So beten wir und öffnen dann die Augen und fragen uns, ob unsere Gebete tatsächlich etwas auslösen. Oft bekommen wir auch gleich eine Antwort. Öfter jedoch sollen die Herausforderungen, denen wir gegenüberstehen, nicht so schnell bewältigt werden, sondern sind dazu gedacht, uns in die Tiefen des Betens zu ziehen und vielleicht sogar dahin, in diesen Räumen der Stille zu *sein.*

*Die Stille und das Gebet sind wie zwei enge Freunde, die miteinander alle möglichen Reisen unternehmen. Durch das Gebet finden wir die verborgenen Räume und Gärten in unserem Innern. Im Gebet stoßen wir durch die Oberfläche des Lebens der anderen, durch ihre augenblicklichen Schwierigkeiten, zum Orte ihrer inneren Stille durch. Unser Beten für andere erinnert uns an die Schätze, die wir in uns selbst haben. Beten läßt unser Vertrauen in die Gegenwart der Liebe immer größer werden, läßt uns immer neue Bereiche der Stille erforschen.*

## Das Gebet in der Krise

Das Gebet in einer Krisensituation kann wie ein verzweifelter Sprung in die Stille sein. Solche Gebete bewirken durchaus etwas, doch ist die Seele nicht darauf vorbereitet, all den Frieden der Stille anzunehmen. Nur ein Leben voller Beten macht uns bereit dafür, in dem strahlenden Lichte und der unendlichen Liebe zu leben, die die Stille in sich birgt. Unsere verzweifelten Versuche werden sicher erhört, aber unser tägliches Gebet baut eine viel stärkere und klarere Beziehung zur Stille auf. Wir wissen genau, wie sehr wir die Stille brauchen, wie sehr wir in der ruhigen Gegenwart sein können und wie vertraut wir schon mit ihr sind. Beten, das die Stille nur auf die Probe stellt, liefert uns nur einen begrenzten Nachweis ihrer großen Gegenwart. Andererseits kann uns das Gebet in der Gefahr dem tiefinneren Raum sehr nahe bringen, denn solche Gebete sind nicht unbedingt weniger wertvoll. Unser Versuch kann uns die Tür in ein neues Leben voller Beten öffnen, eine Tür, die uns jahrzehntelang verschlossen war. Wenn die Krise bestanden ist, halten wir vielleicht am täglichen Gebet für uns und andere fest. Gebete in Krisen haben deshalb eine so starke Wirkung, weil wir mehr Energie als sonst darauf konzentrieren und dadurch mehr Frieden in den Konflikt einströmen lassen.

## Die ständig wiederholten Gebete der Überlieferung

Die traditionellen Gebete haben ihre Geschichte, ihren festgelegten Weg in die Stille. Das *Shema* im Judaismus, das *Vaterunser* im christlichen Glauben, das Gebet für alle Wesen im Buddhismus, die vielen Gebete des Hinduismus und der anderen Religionen: sie alle sind Wege in die Stille, die von Millionen Betern begangen werden. Diese Gebete markieren den Weg sehr gut, aber sie können in der

Menge auch einfach untergehen und die Stille für den einzelnen betenden Menschen weniger frisch und lebendig machen. Das festgelegte Gebet berührt die Stille, auch wenn es ohne Ernst gesprochen wird, aber es ist wichtig, daß jeder mit dem Herzen dabei ist, damit die Stille etwas davon spürt und die vielen Dimensionen und Bereiche der Liebe unterstützt werden. Manchen Menschen erscheinen die herkömmlichen Gebete als Worte mit wenig Substanz. Diese Menschen treten manchmal aus den organisierten Religionsgemeinschaften aus, um etwas anderes zu suchen. Doch es sind nicht die Gebete, die falsch sind; es liegt vielmehr daran, daß sie nicht auf die richtige Weise gelehrt, gesprochen und erlebt werden.

Manche der überlieferten Gebete dienen einem bestimmten Zweck. Der Rosenkranz zum Beispiel hilft uns, eine Beziehung zu unserer göttlichen Mutter zu entwickeln. Immer und immer wieder gesprochen, schafft der Rosenkranz ein enges Band zwischen der Stille und all den weiblichen Aspekten Gottes. Die Seele öffnet sich Gott als der Mutter und entwickelt eine spezielle Vertrautheit mit ihr, eine Beziehung, wie wir sie uns mit unserer leiblichen Mutter gewünscht hätten, die zu menschlich war, um göttlich sein zu können. Durch die tägliche Wiederholung des Rosenkranzgebetes erblüht diese Beziehung zur Gewißheit. Ständig wiederholte Gebete öffnen die stille Gegenwart in uns stets aufs neue, bis die Kraft des Gebetes fest bei uns ist. Wir haben Gelegenheit, bei jeder Wiederholung mehr von unserem Sein in das Gebet hineinzulegen. Das wiederholte Gebet wird zu einem Mantram, das immer wieder ertönt, so daß mit der Zeit jede Zelle in uns davon berührt ist. Das Gebet, das wir immer und immer wiederholen, ist in Wirklichkeit von einem Mal zum anderen nie dasselbe, weil wir uns immer anders fühlen und weil die Stille bei jedem Mal neu ist. Jedes Gebet, das wir immer und immer wieder gebrauchen, findet mehr Einheit mit der Stille, wenn wir es jedesmal so sprechen, als sei es das erste Mal.

*Das Gebet, das in die vollkommene Stille eingeht und dort bleiben will, findet ein Zuhause und verläßt uns nie. Ein Gebet voller Verlangen geht in die Sille und kehrt voller Frieden zurück, ganz und gar angenommen. Das rasche, automatische Gebet jedoch geht bis zum Rand der großen Stille und nicht weiter. Die Stille ist zu lebendig, zu wirklich, als daß leere Worte zu ihrem Herzen sprechen könnten. Es sind die vielen Boten und Diener der stillen Reiche, die jedes Gebet zum großen Herzen bringen, wo es aufgenommen wird. Die Liebe in der Stille ist so grenzenlos, daß sie jedes Gebet vernimmt. Das Gebet, das aus unseren Tiefen kommt und so viel wie möglich von unserem Sein in sich trägt, bewegt sich mit Leichtigkeit fort und landet in der Tiefe des unendlichen Seins der Stille.*

## Beten, um das Herz zu erleichtern

Ob wir für uns selbst oder für andere beten, ob in Krisen oder innerhalb einer religiösen Tradition — alle Gebete sind dazu da, das Herz zu erleichtern. Durch unser Beten strecken wir uns nach der Liebe in der Stille aus, die jeden Schmerz lindert, jede Verletzung heilt. Durch unser Beten können wir ein bedrängtes Leben voller Lärm zum klaren Herzen der Stille zurückführen. Im Gebet ist unser Körper mit dem Frieden beschäftigt. Der Frieden erneuert unser Wohlbefinden, unsere Gefühle. Durch diesen Frieden bekommen wir ein tieferes Verständnis für unsere Beziehungen zur Stille. Er löst die Widerstände in unserem Herzen, heilt unsere Verletzungen und Enttäuschungen. Das Gebet erinnert uns daran, daß wir viel mehr sind als unser physisches Ich, mehr als unsere Beziehungen, mehr als unsere Gedanken und Emotionen. Es erinnert uns an unsere niemals endende Verbindung mit der leuchtenden Stille.

Es ist niemals zu spät, durch Beten unser Herz zu erleichtern. Ob jemand von uns weggezogen oder gestorben ist, nicht mit uns spricht oder nicht aufhören will, mit uns zu streiten — das Gebet eines einzigen Menschen kann jede Beziehung heilen. Im Gebet gibt es keine Entfernung. Ob ein Freund fortgezogen oder gestorben und auf die andere Seite hinübergewechselt ist — das Gebet bringt uns in die Fülle der

Stille, wo wir noch immer mit seinem innersten Wesen verbunden sind. Und es ist immer wertvoll, den Frieden des Gebets in diese Verbindung einzuladen. Wenn wir Frieden schließen, spürt es, weiß es die Stille im anderen Menschen. Er besteht vielleicht darauf, weiter wütend zu sein, die Entfernung zwischen uns scheint die gleiche zu bleiben: Aber der Friede unseres Gebets berührt doch die Stille in ihm. Wir können andere nicht gegen ihren Willen ändern, aber wenn wir unser Herz durch ein Gebet erleichtern, bringen wir ihnen die Liebe nahe, halten wir ihnen die Tür für den Augenblick offen, wo sie sich ändern wollen. Das Gebet schenkt jeder Situation das Beste von uns und der Stille.

## Beten, um zu vergeben

In vieler Hinsicht ist jedes Gebet ein Akt der Vergebung. Wenn wir uns dem Gebet öffnen, laden wir die natürliche Vergebung der großen Stille ein. Vergebung gehört zum Stoff der Stille selbst. Wenn wir regelmäßig und ehrlich Vergebung üben, bleiben wir der einfachen Gegenwart nahe. Das Gebet hilft uns zu vergeben, denn es öffnet unser Herz für die Liebe der Stille und erfüllt unseren Schmerz und unsere Enttäuschung mit stillem Frieden. Jede Störung, die uns widerfährt, hat eine Störung in der Stille geschaffen und kann durch schlichtes Verzeihen wieder behoben werden. Große Akte der Vergebung kommen aus dem Herzen der Stille und stärken die unsichtbare Harmonie überall, in allen Wesen. Das Gebet hilft uns, in unserem Leben verzeihen zu können, denn es erinnert uns daran, daß wir mehr sind als unsere Gedanken und Gefühle und daß wir aus dem Ort der Stille heraus verzeihen können, der immer in uns ist.

Vergeben bedeutet, in einer schwierigen Situation zu geben, anstatt darauf zu warten, daß der andere den ersten Schritt tut. Vergeben heißt aus dem Herzen der Liebe schöpfen, dem Frieden des Gebets, der Einheit, die wir gemeinsam haben, um etwas zu heilen, das uns stört und unsere Gedanken beschäftigt. Vergebung heißt, die Liebe zu feiern, anstatt ein Opfer der Wunden der Liebe zu sein.

Gebete der Vergebung zeigen uns einen Weg, der fort von Schmerz und Enttäuschung zur Gegenwart der Stille führt. Wenn wir aus dem Brunnen der Liebe in der freundlichen Stille schöpfen, entdecken wir die Vergebung. Vergeben umfaßt Verständnis, Mitgefühl, Wahrheit, alle die Eigenschaften der Stille, die wir im Gebet, in uns selbst, finden. Vergebung bringt unser Herz in Einklang mit dem heiligen Herzen der tiefinnersten Stille. Und wenn wir nicht verzeihen können, wenn wir so verletzt sind, daß uns Vergebung unmöglich ist, bringt uns das Gebet zu dem Herzen, das größer ist als das unsere und das die Quelle aller Vergebung ist. Das Gebet und jeder Akt der Vergebung sind immer unzertrennlich miteinander verbunden.

*Wenn wir all die kleinen Dinge verzeihen, die uns abzulenken scheinen, bringt uns das auf den Weg zurück, der keine Ablenkung kennt. Wenn wir all die Härte verzeihen, die wir an uns selbst und anderen erleben, werden wir rasch der Weichheit in uns allen, der weichen Stille, der zarten Liebe gewahr. Wenn wir die Verwirrung im Leben vergeben, wenn wir unsere Selbstbezogenheit und unsere allgegenwärtigen Ängste nachsehen und die Verletzungen, die wir anderen zufügen, führt uns das allmählich zu den tieferen Strömen mitfühlenden Verstehens, die uns alles geben, was wir brauchen. Die Stille begrüßt unser Gebet mit vollkommener Vergebung.*

Vergebung ist die Grundlage des Klosterlebens. Wenn die Mönche und Nonnen einander die kleinen gelegentlichen Verletzungen nicht verzeihen würden, wie sollten sie da die große einigende Vergebung der Stille spüren können? Jeder von uns ist aufgerufen, seine Worte sorgfältig zu wählen, so daß seine Gebete voller Vergebung sind, voll der Demut, die unser tägliches Leben friedlich macht.

## Das Gebet der Unschuld

Vergebung ist wie die Haut der Stille. In ihrem Inneren entdecken wir die Unschuld. Vergebung, Unschuld und Gebet sind unzertrennlich; das eine ist ohne das andere nicht denkbar. Wenn wir vergeben, ist die Unschuld gegenwärtiger. Unsere Unschuld macht uns das Verzeihen leicht. Mönche und Mystiker fühlen Vergebung und Unschuld, weil sie so eng mit all den freundlichen Aufmerksamkeiten zusammenleben, die sie in der unendlichen Stille finden.

Jeder Augenblick in der vollkommenen Stille ist wie ein Eintauchen in das klare Wasser der Unschuld. Die Stille ist das Wasser, das uns wäscht und erfrischt. Wir können den stillen Ozean immer nur einen Augenblick lang fühlen und genießen. Seine Gegenwart beruhigt uns. Die Stille bringt uns unsere Unschuld zurück. Von jeder Erfahrung mit der friedlichen Stille im Gebet kehren wir mit neuer Unschuld zurück.

Kinder in ihrer Natürlichkeit und viele ältere Menschen in ihrer Einfachheit finden ihren Weg in die Stille des Gebets. In ihrer Unschuld beten sie ganz ungezwungen; es gehört einfach zum Leben. Wenn wir das Beten wiederentdecken, kommt unsere ursprüngliche Unschuld ebenso einfach wieder. Wir können die Unschuld in Kindern und älteren Menschen ohne weiteres sehen. Nun kommt es darauf an, sie auch in den Menschen zu entdecken, die irgendwo dazwischen stehen. Ungeachtet aller Fehler, die wir vielleicht begehen, sind wir zu Beginn und am Ende unseres Lebens unschuldiger, weil die Stille uns dann ganz natürlich näher ist. Die Unschuld ist Teil der Stille, ganz gleich, in welcher Lebensphase wir uns gerade befinden. In dem Maße, wie das Gebet uns den Eigenschaften des stillen Seins näher bringt, wird unsere Unschuld gestärkt und auch unsere Urteilskraft. Unsere Sorgen um Erfolg oder Mißerfolg, unsere Suche nach dem Glück und auch unser Kummer werden weniger intensiv. Jedes Gebet, das wir an das tief vertraute Bewußtsein richten, trägt uns wieder ein Stück zu unserem Herzen zurück, macht unseren Weg freier und öffnet uns wieder ein wenig mehr für die Unschuld. Der Friede, die Sanftheit, die Abgeschiedenheit und Ruhe in der Stille tragen alle dazu bei, unsere Unschuld wiederherzustellen.

Wenn wir so nahe an der Stille leben, stehen wir oft vor der Frage, wo Unschuld beginnt und wo sie endet. Je mehr wir beten, desto mehr erkennen wir, wie menschlich wir wirklich sind. Das Gebet ist es, das uns neue Kraft zum Verzeihen gibt und allem, was wir sehen, neue Unschuld verleiht. Ein Leben voll intensiven Betens kann uns nur zu der Frage führen: „Welche Teile von uns sind unschuldig und welche nicht?“ Wenn wir in der Stille leben, beantworten wir diese Frage anders, als wenn wir nur leben, um in der heutigen lärmenden Welt überleben zu können. Unser heutiger Verlust der Unschuld hängt eng mit dem Verlust der Stille zusammen. Die Kinder werden aus der Kindheit geradezu herausgedrängt. Für ältere Menschen gibt es wenig Stille, in die sie sich zurückziehen und die sie genießen können. Das Beten, unser Leben in der vollkommenen Ruhe, läßt uns unschuldig bleiben, jung im Herzen, und nimmt uns die Angst vor dem Altwerden.

Wenn das Leben des Gebets unser Herz erleichtert und uns Vergebung und Unschuld bringt, beten wir gern um die kleinen alltäglichen Dinge, die das Leben angenehm machen, und um die großen wichtigen Dinge, um Arbeit und Heilung, um neue Beziehungen, die uns glücklich machen. Wir gehen auf die große Liebe zu, als ob sie von Natur aus uns gehörte. Mönche und Mystiker wie zum Beispiel der heilige Franziskus entwickeln eine beinahe kindliche Beziehung zum Leben; sie nehmen es als gegeben hin und lieben es, ohne Angst zu haben, daß sie es verlieren könnten. Die Stille ist ihnen zu dem geheimen Freund geworden, nach dem sie sich von Kindheit an sehnten. Durch das Gebet bringt die Stille sie zu der unschuldigen Freude und den Wundern zurück, die sie zurückgelassen haben. Ihre Leben zeigen uns, daß es nicht so sehr darum geht, worum wir beten, sondern wieviel wir anzunehmen bereit sind.

## Das Kloster

So, wie das Leben in der Welt oberflächlich werden kann, wenn wir die Stille meiden, so kann auch das Klosterleben gefühllos werden ohne das Gebet, das immer und immer wieder Vergebung und Unschuld schenkt. Ohne Liebe ist ein Gebet nichts als Worte, ist Stille bloß die Abwesenheit von Geräuschen.

Der Mönch oder Mystiker in unserem eigenen Inneren braucht das Kloster ohne Mauern als einen Ort des Gebets und der Vergebung. Wir können durch tägliches Beten alle Verletzungen ganz sanft vergeben, besonders jene, die schwer verzeihlich sind. Wenn wir beten, um die kleinen Verletzungen verzeihen zu können, öffnen wir uns leichter für Gebete, die die scheinbar unentschuldbaren Verletzungen vergeben.

Ein Leben der Vergebung und der Unschuld ist eng damit verbunden, daß wir beten und die einfache Stille erleben. Unser Bedürfnis nach Vergebung hält uns dicht an der Stille, die wir mit unseren Partnern und unserer Gemeinschaft teilen. Unsere Unschuld hält uns nahe bei unseren Begleitern in der Stille. Die Gegenwart des Gebets stellt unseren Glauben an das Unsichtbare wieder her. Jedes Gebet, als eine Hülle um den Frieden, schenkt uns die süßen Früchte der ewigen Stille.

*Jedes Gebet verwebt die Fäden der Vergebung und Unschuld mit einem anderen Teil unseres Wesens. Wo das weltliche Leben die Stille flieht, schenkt uns der klösterliche Teil in uns die stille Freiheit, die unser physisches Leben und das Gebet in Heiligkeit vereint.*

## Kapitel Vier

# Das tägliche Leben in der Stille

Unser Weg in die Gegenwart der Liebe bekommt in dem Maße, wie wir die Stille in unser tägliches Leben einbeziehen, immer mehr Substanz. Dadurch, daß wir uns der stillen Gegenwart um uns her bewußt sind, die Liebe in uns spüren, uns darin üben, einfach ganz bei dem zu sein, was wir gerade tun, findet das Leben seinen Mittelpunkt und ist voller Augenblicke goldener Stille. Ob beim Kochen, Essen, Arbeiten, Putzen, beim Einkaufen oder Kinderhüten, bei Versammlungen, beim Baden oder Spazierengehen — immer gibt es Augenblicke, wo wir neue Dimensionen der Stille erforschen können. Es sind die Augenblicke der Stille, die zur alltäglichen Wirklichkeit gehören, aber gewöhnlich sind wir zu beschäftigt, um sie wahrzunehmen, oder haben sie nicht schätzen gelernt.

Das tägliche Leben ist dazu da, daß wir uns der Stille zuwenden, so daß in allem, was wir tun, immer mehr Liebe gegenwärtig ist. Wenn unser Ziel ein heiliges Leben ist, dann können die ganz gewöhnlichen Momente Augenblicke der Liebe sein, stille Lektionen, die uns die Einzelheiten des Lebens lieben lehren. Bei allem, was wir tun, haben wir in unserem Inneren etwas, das Bewußtheit enthält und in Einklang mit der Stille ist. Anscheinend können wir — ganz gleich, was wir gerade tun — uns konzentrieren, empfindsam, gegenwärtig sein, so daß die Stille mit uns ist. Ob wir an unserem Arbeitsplatz wirken oder uns um unsere Kinder kümmern, ob wir das Haus putzen oder mit einem Freunde plaudern — wir können unsere Gedanken umherschweifen lassen oder mit allen Sinnen anwesend sein, unsere innere Welt wahrnehmen und uns an der Welt des Einsseins freuen, die immer mit uns ist. Alles, was wir tun, ist von einem inneren

Erleben begleitet. Und jedes Erleben entsteht aus der sich entfaltenden Stille in uns.

Wenn wir uns der Herausforderung stellen, die Liebe wahrzunehmen und in diesem Bewußtsein alt und weise zu werden, können wir die Geheimnisse der Stille aufdecken. Alles, was wir tun, und jede unserer Beziehungen bietet uns die einzigartige Gegenwart der Liebe an. Im Leben folgt eine Phase der anderen, jede von einem unermeßlichen Schatz erfüllt. Kindheit und Alter, Krankheit und Gesundheit und alle Phasen dazwischen, Kindsein und Elternschaft, Alleinsein und Partnerschaft und wieder Alleinsein — jedes Stadium des Lebens spiegelt andere Aspekte unserer Beziehung zur Stille.

Wir entwickeln diese Beziehung, indem wir unsere Wahrnehmung ändern und uns der Welt der Stille entsinnen, die in uns ist. Die Stille ist immer Teil von uns. Anstatt uns also in Gedanken schon damit zu beschäftigen, wie wir in die nächste Phase des Lebens gelangen, sollten wir uns Zeit nehmen, die jetzigen Phasen zu genießen, darüber nachzusinnen und offen für das zu sein, was jetzt ist. Unsere Meditationen und Gebete können uns für das Leben bewußter machen, weil sie das, was wir jeden Tag tun, in die Wahrheit des Seins hineinnehmen. Ganz gleich, in welcher Phase unseres Lebens wir uns gerade befinden, ob sie uns ewig vorkommt oder nur allzu schnell vergeht — sie bekommt mehr Bedeutung, wenn wir die Stille in unser Leben einbeziehen. Nicht die Vielzahl unserer Taten befriedigt uns letztendlich; nein, es sind unsere gewonnenen Erfahrungen, die unser Herz glücklich und weise werden lassen.

Wenn wir unsere Alltagserfahrungen zu schätzen wissen, erleben wir alles vollständiger. Wir dringen durch die Oberfläche unseres Tuns zu der darin verborgenen Stille durch. Ganz gewöhnliche Zufälle oder Unfälle bedeuten plötzlich mehr, als sie an der Oberfläche zu sein vorgeben. Gewöhnliche Ereignisse, Überraschungen und unverhoffte Begegnungen bekommen mehr Bedeutung, je näher wir an der vollkommenen Stille leben. Die scheinbaren Bruchstücke eines Tages werden zu einem Teil unserer Beziehung mit der Stille. Wenn wir mit dem Fluß unseres inneren Lebens in Berührung bleiben, gehen wir nicht einfach von zu Hause zur Arbeit, zum Mittagessen und danach zu einer Versammlung. Wir sind in einer ständigen Wirklichkeit des Seins. Wir tragen die stille Gegenwart mit uns, und wir bringen unsere Gefühle mit. Auf diese Weise tragen wir mehr von unserem inneren Wesen bewußt in jede Situation hinein.

Die Stille ist immer da, ganz gleich, wo wir sind oder was wir gerade tun. Jedesmal, wenn wir uns der Harmonie bewußt werden, die da ist, werden wir uns auch des Augenblicks und unseres Tuns bewußter. Die ablenkenden Geräusche, mit denen wir leben, dienen vielleicht dazu, uns anzuregen, wieder die Stille zu suchen. Anstatt ärgerlich zu reagieren oder uns zurückzuziehen, anstatt uns zu beklagen oder überhaupt nichts gegen die Übergriffe zu unternehmen, können Meditationen und Gebet unserem Handeln Kraft verleihen und uns mit dem reinen Klang der Liebe erfüllen. Die vollkommene Stille schenkt uns eine andere Art des Zuhörens, eine neue Verhaltensweise, die sich buchstäblich auf jeden Bereich unseres Lebens auswirkt. Unsere Unannehmlichkeiten, Umwege und Hindernisse geben uns Gelegenheit, die Stille wieder ganz frisch zu erleben, jene Stille, die ganz nahe ist inmitten der Gefühle.

*Die Stille nimmt ganz langsam jeden Teil des Lebens in sich auf, wenn wir bereit sind, loszulassen und in der stillen Wachsamkeit zu sein. Wenn wir die Stille für unser Leben sorgen lassen, haben wir immer weniger Interesse an Dingen, die uns abstumpfen und uns von der Freude an der friedlichen Stille abhalten. Die Probleme der Vergangenheit und die Sorgen um die Zukunft schwinden, wenn wir unser Leben in die Hände der Stille legen. Das Leben ist eine ständige Einladung zur Stille und voll des Segens, der aus ihren Tiefen kommt.*

In dem Maße, wie wir uns des schlichten Eins-Seins bewußt werden, erkennen wir, daß es noch etwas anderes gibt als Besitzgier, Konsumrausch und Kompetenzgerangel. Unser Leben erblüht in einem stillen Garten, wenn wir lernen, zu geben und für andere zu sorgen. Die Gegenwart der Liebe in der Stille erweitert unser Wesen, wir finden Mitgefühl für andere und reagieren weniger ablehnend auf Dinge, die uns unangenehm sind. Anstatt uns abzuhetzen, Mängel zu beanstanden und uns mit unserem kleinsten Ich gleichzusetzen, lassen wir die Stille den Mönch oder Mystiker in unserem Inneren in ihre Arme schließen. Wir finden die Ganzheit, die inmitten intensiver Tätigkeit die Stille einschließt.

Das Leben verändert sich, wenn wir bewußt die Stille in unser Leben einbeziehen. Spaziergänge in der Natur wecken unsere Sinne für die lautlose Unendlichkeit. Die Sammlung, die wir beim Sport erleben, kann unseren Kontakt mit der Stille erweitern. Ehrliche und liebevolle Gespräche mit unseren Freunden schenken der Stille einen frischen Atemzug. Die Blumen, an denen wir uns freuen, die Sonnenuntergänge, die wir nicht nur beobachtet, sondern auch belauscht haben, Essen, das wir noch in der Erinnerung genießen — alles dient dazu, die Stille immer mehr zu schätzen. Jeder Augenblick, den wir uns gönnen, um inmitten einer Tätigkeit einfach nur zu *sein,* um zwischen Denken und Sprechen zu lauschen, macht die Stille in unserem Leben gegenwärtiger. Die schlichte Stille erdet das Leben im Sein, und wir schlagen Wurzeln in der Stille. Wir haben weniger Angst und können besser hinnehmen, daß andere Menschen anders sind als wir. Die Leere, aus der wir normalerweise leben, ist plötzlich erfüllt von Erlebnissen vertrauter Stille. Routine, die uns anödet, und Langeweile, die uns nervt, betteln um den stillen Frieden. Im Kloster ohne Mauern ist das Leben inspirierte Stille. Die weltlichsten Dinge, die wir tun, warten nur darauf, von uns erforscht, erleuchtet und mit der Stille vereint zu werden.

## Familie und Freunde

Ein Leben, das wir in der Familie oder mit Freunden zubringen, gehört zu den größten Reichtümern der Stille. Jede Beziehung ist eine Beziehung gemeinsamer Stille. Mehr als die Worte, die wir miteinander sprechen, oder die Dinge, die wir zusammen tun, sind unsere

Beziehungen die gesammelten Augenblicke der Stille, die wir gemeinsam erlebt haben. Die Stärke der Stille in einer Beziehung und die Dauer des stillen Einvernehmens bestimmen, ob Meinungsverschiedenheiten und andere laute Unterbrechungen sie bedrohen oder unberührt lassen. Familien, Eheleute und gute Freunde haben meist die stärksten Bande gemeinsamer Stille. Deshalb bedeutet es viel mehr als eine körperliche Trennung, wenn Familien auseinandergehen, Ehepartner sich trennen oder beste Freunde nicht mehr miteinander sprechen. Die gemeinsame Stille wird gebrochen. Die Tiefe unseres Schmerzes zeigt, wie sehr die gemeinsame Stille dadurch vergewaltigt wird. Der Lärm der ungeheilten Persönlichkeiten hat die Oberhand gewonnen über den Frieden und das Verständnis der Liebe.

Wenn wir dagegen die gemeinsamen Momente der Stille in einer Beziehung zu schätzen wissen, gehen wir eine Bindung ein, die wächst und uns stärkt. Streitenden Eheleuten geht es vielleicht besser, wenn sie miteinander spazierengehen oder in einem stillen Raum nebeneinandersitzen. Dann weicht der Lärm der Auseinandersetzung, und es erneuert sich das stille Band zwischen den beiden. Die kurzen gemeinsamen Augenblicke der Stille, wenn man sich vor dem Essen oder vor dem Schlafengehen kurz an den Händen hält oder für die kleinen, aber wichtigen Augenblicke des Tages dankt, bauen die Stille zwischen ihnen auf. Die gemeinsamen Augenblicke der Stille führen zu ehrlicheren Gesprächen und zu den einfachen Zärtlichkeiten der Stille. Einfachheit findet weniger Hindernisse vor der Gegenwart der Liebe.

Wenn wir uns der Stille bewußt sind, führt uns das zu der einzigartigen Gegenwart, die jede Seele in unserem Leben darstellt. Unsere Liebe baut der Stille in jedem unserer geliebten Wesen ein Heim und macht unser eigenes Wohnen in der Stille umso umfassender. Je größer wir einander wahrnehmen und lieben, desto stärker wird die Liebe. Echte Beziehungen überdauern die Schmerzen und Zerwürfnisse durch Meinungsverschiedenheiten, weil die Stille, die sie trägt, viel größer ist. Die Zeiten, wo wir verletzt und enttäuscht sind, haben mehr Bedeutung, als wir gewöhnlich annehmen. Die stille Gegenwart in uns ist gestört, und wir meinen, der andere sei schuld daran. Aber ganz gleich, wer es ist, der uns diesen Lärm zum Bewußtsein bringt — der ungeheilte Ton in der Beziehung ist der unsere. Und die Erfahrungen gemeinsamer Stille sind es, die wieder Harmonie herstellen. Wir erwarten in Beziehungen oft, daß der andere etwas tut, damit es uns besser geht, aber es ist unser eigener Frieden in der Stille, der uns glücklich macht. Und die gemeinsamen Erlebnisse der Stille sind es, die der Beziehung neuen Sinn und neuen Glauben geben, so daß wir einander mit mehr Mitgefühl zuhören können. Genauso, wie wir, wenn wir unglücklich sind, eine neue Beziehung zur Stille finden müssen, rufen kranke Partnerschaften nach neuen Banden der Stille. Aus diesen Banden der Stille erwachsen neue Gefühle, die uns einander wieder lieben und schätzen lassen.

Beziehungen zerbrechen, wenn der Lärm in uns auch die Bereiche überschwemmt hat, die der Stille vorbehalten sind. Die Partner können ihre Einheit zurückfordern, indem sie den Worten zuhören, die aus der Stille des anderen kommen. Und sie können diese Einheit immer wieder zurückfordern, in jeder Erfahrung, die sie miteinander teilen.

Um eine zerbrochene Beziehung zu heilen, bedarf es mehr, als sich dem Lärm in unserem Leben, den Konflikten unserer Persönlichkeit, anzupassen. Heilung baut auf die gemeinsame Stille in unserem Leben auf. Wenn wir wieder miteinander still sind, bestätigen wir die Beziehung und fordern unser eigenes Sein zurück. Die Zeiten des Nichtseins, die Zeiten der Angst, werden heil, wenn ein Mensch, der uns in unserem Leben wichtig ist, wieder in der Stille mit uns ist.

Die Menschen, denen wir in der Stille am nächsten sind, sind oft auch die, mit denen wir unsere Verschiedenheiten am stärksten spüren. Die vollkommene Stille läßt den Lärm in uns umso lauter erscheinen. Mit dem Menschen, der uns am nächsten steht, können wir kämpfen, und wir können einander verzeihen. Wir können uns von der stillen Gegenwart auf unseren Mißklang hinweisen lassen und uns dann vom Herzen der Stille helfen lassen, einander zuzuhören und wieder näherzukommen.

Die Schwierigkeiten, denen wir in unseren Beziehungen begegnen, können uns unser Bedürfnis nach Stille bewußt machen, insbesondere nach Erfahrungen gemeinsamer Stille. Partner, die miteinander streiten, Familien, die nicht miteinander sprechen, haben den Kontakt zur Heiligkeit der Stille verloren, der Heiligkeit in den anderen. Wenn wir vielleicht in einem besonderen Restaurant miteinander essen gehen, eine Radtour machen oder zusammen eine Stunde in der Natur verbringen, können wir lernen, daß unsere Beziehungen wieder aufleben, wenn wir zum Bedürfnis unserer Seele nach einfacher Harmonie zurückfinden. Freundschaften, Ehen und Familien blühen auf, wenn man Erlebnisse findet, die man gemeinsam genießen kann. Zwei Menschen, die eine Beziehung aufbauen, kristallisieren in der Stille. Deshalb sind Beziehungen so zerbrechlich und so heilig. Die stille Gegenwart in jedem von uns erfordert unsere zärtliche Achtung. Deshalb sind Verliebte zu Anfang so glücklich und später so sehr herausgefordert, dieses selbe Glück wiederzufinden. Der zarte Frieden in ihrem Inneren und zwischen ihnen bedarf niemals endender Aufmerksamkeit und Pflege. Die Liebe verändert sich nur, wenn wir aufhören, die intime Stille miteinander zu finden und uns gemeinsam daran zu freuen.

Beziehungen haben die Aufgabe, eine neue Beziehung zur Stille zu finden, indem wir unser Verlangen nach dem Innersten Wesen zum Sinn und Ziel unseres Zusammenseins machen. Jede Beziehung kann uns dafür öffnen, der Stille in allen Menschen ein Gefährte zu sein. Die Beziehung zu unseren Eltern kann uns zu unserem geistigen Vater und unserer geistigen Mutter in der Stille führen, unsere Beziehungen zu Geschwistern, Geliebten, Freunden, Vorgesetzten oder Vermietern können unsere Kämpfe in die Stille bringen, die echten Frieden und wahre Antworten für uns bereithält und uns unermüdlich Gesellschaft leistet. In dem Maße, wie wir uns dafür öffnen können, wie sehr jede Beziehung unsere Gefühle und Gedanken berührt und erweitert, in dem Maße öffnen wir uns dafür, die Gegenwart der großen Intimität zu entdecken. Keine Beziehung ist uns feindlich. Alle Beziehungen sind Wegweiser zur Gegenwart der Liebe in unserem Leben. Sie geben uns immer neu die Gelegenheit, mit dem Lärm in unserem Leben Frieden zu schließen, unsere Seelen freizulegen. Wir schließen Frieden, wenn wir versuchen, offener zu sein, wenn wir ehrlich mit uns selbst sind und verzeihen. Wir werden uns der Stille in den anderen bewußt, wenn wir miteinander neue Erfahrungen wagen. Wir begegnen uns in der großen Stille, wenn wir uns buchstäblich berühren, anstatt geistig und körperlich getrennt zu bleiben. Im Kloster ohne Mauern führt das Leben uns auf einen Weg, wo wir immer wieder Obdach finden, bis wir schließlich ganz und gar geborgen und unsere Sicherheit und unser Ziel in der Stille aufgehoben sind.

Wir brauchen den Lärm, der uns aneinander stört, nicht anzugreifen oder zu bekämpfen. Wir sollten nicht versuchen, ihn zu verändern oder ihn als Lärm anzuprangern. Wir sind nicht hier, um einander umzumodeln, sondern um uns zu unterstützen, indem wir dank unserer reichen Lebenserfahrung einfach akzeptieren, daß wir eins sind. Je mehr wir in unserem eigenen Lärm leben, desto mehr bedroht uns der Lärm der anderen. Jede Beziehung kann geheilt werden, weil die einmal miteinander geteilte Stille niemals getrennt werden kann. Vielleicht versuchen wir, die Liebe zu verleugnen, die wir miteinander geteilt haben, aber die Intimität ist immer wahr und liegt nicht weiter entfernt als die Erinnerung an gemeinsame friedliche Augenblicke.

*Gefühle ändern sich, Interessen ändern sich, Bedürfnisse und Wünsche ändern sich, aber die Liebe in der Stille bleibt bestehen. Jede Beziehung, die sich der stillen Gegenwart bewußt ist, bleibt bestehen. Die Stille ist die unzerstörbare Brücke zwischen den Seelen. In Beziehungen sind die gewöhnlichsten Augenblicke, aber auch die aufregendsten und schwierigsten, voll unendlicher Stille. Wenn wir entschlossen sind, die Liebe der Stille zu entdecken, verwandeln sich Spannungen, die uns trennen könnten, in Wunder.*

Das Leben auf den Spuren der stillen Intimität ist wie eine Verschwörung von guten Dingen, die einfach geschehen müssen. Der

Mönch oder Mystiker übt, in jedem Raum, in jedem Garten, bei jedem Spaziergang mit einem Freunde die Hand der Stille zu erkennen. In immer neuer Verkleidung ruft die stille Liebe nach unserer Aufmerksamkeit, der Wachsamkeit unseres Herzens. Ein Leben gemeinsamer Stille aufzubauen, ist die Essenz echter Gemeinschaft. Intimität erwächst aus den vielen Möglichkeiten, wie wir miteinander umgehen. Jeder Tag und jede Beziehung gibt uns Gelegenheit, entweder unsere Verschiedenheit zu betonen und getrennt zu sein oder immer wieder die Gegenwart der Liebe in unserem Leben zu bestätigen. Die Nähe und Intimität, die wir in der Stille teilen, bringt ein Verständnis hervor, das mehr ist als unsere Worte oder unsere schönen Gefühle. Die Seelen kennen sich so gut, wie sie die Stille ineinander erkennen und feiern. In der Stille leben alle Wesen als eins.

Beziehungen und Familien sind die Substanz des Lebens in der heiligen Stille. Ob wir gerade eine neue Beziehung aufbauen oder uns an gemeinsam verbrachte Zeiten erinnern — die Augenblicke intimer Nähe sind immer in uns. Die Erinnerung an die Wahrheit und Ganzheit der gemeinsamen Stille kann alte Wunden heilen. Die Erinnerung an die Heiligkeit der gemeinsamen Stille kann Streitigkeiten zwischen den Persönlichkeiten in die rechte Perspektive rücken. Wenn die Nähe zur Stille in unserem Leben an erster Stelle steht, schalten wir unnötigen Lärm aus. Die reine Stille ist das goldene Gewebe, das uns zusammenhält und das keine Entfernung, keine Persönlichkeitsveränderung, keine Krankheit zerreißen kann.

*So, wie die Stille die Natur in all ihren Jahreszeiten umschließt, so lehrt sie uns, die wechselnden Jahreszeiten in uns und unseren Beziehungen nicht zu verleugnen. Herbst und Winter, Frühling und Sommer haben alle eine Gegenwart in unserem Leben. Beziehungen, die die Verletzlichkeit des Herbstes einschließen, die sich der Leere des Winters, der Hoffnung des Frühlings und der Fülle des Sommers öffnen, Beziehungen, die ihre natürlichen Veränderungen achten und annehmen, wachsen an Weisheit und Ganzheit.*

## Sexualität und Kreativität

Im traditionellen Klosterleben verstand man unter Weltentsagung das Loslassen der physischen Welt, einschließlich der körperlichen Bedürfnisse und Wünsche. Wenn die Betonung auf „entsagen“ liegt, können ganz normale sexuelle Wünsche zu etwas Schlechtem werden und mehr Aufmerksamkeit und Wichtigkeit bekommen, als ihnen sonst zuteil würde. Wenn wir unsere körperlichen Wünsche und Bedürfnisse mißbilligen, trennt uns das leicht von uns selbst, von anderen und von dem Frieden in der Stille.

Dem Kloster ohne Mauern geht es mehr darum, die reine Stille zu finden als sich vom Lärm abzusondern; ihm ist mehr an einem heiligen Leben gelegen als an der Absonderung von dem, was weniger heilig sein könnte. Wenn wir die Klostermauern hinter uns lassen, bedeutet das mehr Verantwortung; denn wir müssen selbst herausfinden, was wahr und was nicht wahr ist, welche Erfahrungen uns der Heiligkeit des Seins näherbringen und welche uns davon entfernen.

Diese Verantwortung spüren wir nirgendwo so deutlich wie in unserer Reaktion auf die Sexualität, wo alles zusammenspielt — unsere Wünsche und die Wünsche der Menschen, mit denen wir zusammenleben, das Bedürfnis nach Intimität und wahrer Treue. Im Tempel der Sexualität kann die Stille am intimsten sein. Und genauo kann Sexualität das angespannte Verhalten sein, mit dem wir die Stille leugnen und vermeiden. Wenn wir uns in der Stille nahe sind, sind die Gefühle der Liebe, die Intensität, die Reinheit, die Enttäuschung und die Befriedigung unseres innersten Wesens in Kontakt mit einem anderen Menschen. In der Sexualität erleben wir die intimste Stille.

Wenn wir uns von einem aktiven sexuellen Leben lösen, kann das zu erhöhter Kreativität führen. Die Energie wird nicht verleugnet, sondern wir spüren sie und können sie in schöpferisches Gebet, in künstlerische oder andere Aktivitäten überleiten. Versagen wir der sexuellen Energie jedoch die ihr gebührende Achtung und Wertschätzung, wendet sie sich gegen uns und zieht uns von der Stille weg.

*Zwanghafte Sexualität, Geschlechtlichkeit, die voller Angst und Schuldgefühle ist, gleicht dem Versuch zu lieben, ohne den Rückhalt der Stille zu spüren. Sexualität als reine Spannungsentladung, als Reaktion auf eine lärmerfüllte Welt, schneidet den Körper von sich selbst und von der Natur ab. Der Körper fühlt sich getrennt von den Tempeln der Stille. Sexualität, an der die Stille nicht beteiligt ist, ist Geschlechtlichkeit ohne Liebe. Sexualität voller Stille ist auch voller Liebe, voll der zärtlichen Eintracht, die heilig ist.*

Um unsere Sexualität in Harmonie mit der Stille auszuleben, müssen wir offen für die Gegenwart der Liebe in unseren Gefühlen sein. Das sind wir, wenn wir alle unsere Gefühle annehmen. Wenn wir unsere Gefühle akzeptieren, handeln wir aus freier Entscheidung, nicht aus Zwanghaftigkeit oder Gewohnheit. Dann kann unsere Sexualität ein Ausdruck von Freiheit sein, ein Ausdruck freudiger Stille; wir müssen sie nicht mehr verstecken oder verleugnen.

Unsere sexuellen Gefühle gleichen im Grunde den anderen Gefühlen unseres Lebens, manchmal sind sie nur intensiver. Sanftheit, Geduld, Verlangen, Erfüllung, Freude und Lachen, Erregtheit und Eintracht, es sind alles Werte der Sexualität und der Kreativität, und es sind genau so Werte der Stille. Wenn unsere Sexualität Augenblicke intimer Stille enthält, finden wir Unschuld. Sexualität ist Kreativität voller Stille, in der das Herz gegenwärtig ist. Trennen wir die Sexualität von der Stille, wird sie zu einem hilflosen Akt, denn das zeigt nur, wie sehr wir nach den Zärtlichkeiten der Stille hungern.

Die intime Stille ist ein sehr sinnlicher und kreativer Raum. Die Liebe in der Stille ist so groß, daß man weder die Erfahrung noch den Schmerz je verleugnen kann, wenn wir sie nicht erfahren. Mit unserer Sexualität Freundschaft schließen heißt, daß wir uns mit unserer inneren Stille anfreunden. Eine solche Freundschaft schließt Veränderungen ein. Sexualität ist eine Einladung zur Kreativität, in der die Liebe immer neu und anders ist. Wir sind aufgerufen, wach und sensibel für das Universum der Stille in uns und unserem Partner zu sein. Die Stille in uns, zwischen uns ist immer neu. Wenn wir von unserem Partner enttäuscht sind, sind wir es von unserer eigenen Kreativität, unserer Beziehung zur Stille. So oft geben wir dem anderen die Schuld, anstatt uns selbst zu erforschen und unsere Ängste davor, unsere Beziehung zur Stille zu verändern. Wir schauen auf den anderen, anstatt nach einem neuen Bewußtsein der Stille zu suchen, anstatt unser Bedürfnis nach neuer Offenheit und Intimität anzuschauen. Sexualität öffnet uns für unser Bedürfnis nach Kreativität, für unsere Sehnsucht nach der zarten Berührung der Stille.

Das Klosterleben verzichtet auf sexuelle Aktivität in dem Sinne, daß Liebe sich nicht besitzen läßt. Die Stille ist nichts, woran man sich ein für allemal festklammern kann. Mönche und Nonnen leben mit der Stille und an ihrer Seite, sie richten all ihr Verlangen darauf, jene reine Stille bei sich zu haben, die mehr von ihrem Wesen aufnimmt.

Der Mönch oder Mystiker in uns muß dasselbe tun. Ob wir allein sind oder mit einem Partner leben — wir müssen lernen, daß die Liebe sich nicht besitzen läßt. In Beziehungen kann Sexualität nicht den Platz einnehmen, der der Gegenwart der Stille gebührt. Ob allein oder mit einem Partner — wir müssen die Kraft aus unseren eigenen Tiefen beziehen, um den Frieden der Stille zu erhalten. Im traditionellen Kloster entscheiden sich die Mönche und Nonnen, sich vollständig der stillen Gegenwart zu weihen. Diese Hingabe kann ihr Sein zu wunderbaren Höhen des vertrauten Umgangs mit dem Innersten Wesen erheben. Sie wählen ein Leben schöpferischer Selbstlosigkeit, um mehr von der Stille und ihrem vollkommenen Frieden erfüllt sein zu können.

Die Stille lädt uns in dieselbe schöpferische Nähe zu ihr ein. Unsere Hingabe an die Gegenwart der Liebe ist wahr, ganz gleich, ob wir allein sind, einen Partner suchen, am Anfang einer Beziehung oder inmitten einer langjährigen Partnerschaft stehen. In welcher Jahreszeit des Lebens wir uns auch befinden, wir sind immer aufgerufen, für die Gegenwart der Liebe bereit zu sein. Mit unserem Partner öffnet uns die Liebe, die wir in der Stille teilen, der Dienst, den wir uns erweisen, für die reinen Klänge der Liebe. Wir sind eingeladen, der Stille im anderen das zu geben, was sie verlangt. Das bedeutet, die Selbstlosigkeit des großen Einen zu üben, jene Selbstlosigkeit, die von allen Nonnen und Mönchen verlangt wird.

Sexualität in all ihren Variationen kann die Stille in uns entbinden. Sie kann uns helfen, unsere Kreativität zu erfahren. Wie die Mönche und Nonnen müssen auch wir mit den Mauern zurechtkommen, die wir zwischen uns und der Stille aufrechterhalten. Die Menschen im traditionellen Kloster müssen vielleicht ihr Gelübde immer wieder neu überdenken, um es nicht zu einer Mauer zwischen sich selbst und der Intimität mit der Stille werden zu lassen. Bringt uns die Abgeschiedenheit mehr Nähe zur Stille, oder schneidet sie uns von der gemeinsamen Stille ab, die in Beziehungen möglich ist? Ebenso muß sich der Mönch oder Mystiker in uns fragen, ob unsere Beziehungen eine Flucht vor der Abgeschiedenheit bedeuten. Läßt unser Sexualleben uns mehr Heiligkeit erfahren oder weniger? Körperliche Liebe kann die Mauern zwischen uns und der Stille einreißen, aber auch Spannung und Ferne, die Schatten in der Beziehung, fortbestehen lassen. Ob wir ein Sexualleben haben oder nicht, entscheidet nicht darüber, wie nahe wir der heiligen Harmonie sind. Unser Bedürfnis nach körperlicher Liebe kann ein Bedürfnis nach größerer Kreativität ausdrücken. Unser sexuelles Verlangen steht vielleicht ganz allgemein für ein Bedürfnis nach vertrauteren, intimeren Beziehungen. Unsere sexuellen Bedürfnise können den Wunsch nach mehr Natur verbergen, nach hohen Bäumen, grünen Feldern und Erde um uns her. Hinter sexuellem Verlangen kann ein Mangel an vielen Formen der Intimität in unserem Leben stehen. Vielleicht steht aber auch nur das Verlangen nach körperlicher Liebe dahinter. Körperliche Liebe kann unser heiligster Weg sein, die Zärtlichkeiten der Stille zu erfahren. Die schöpferische sexuelle Kraft, die so sehr Teil von uns ist, verlangt nach unserer höchsten Achtung.

Da die Stille bei jeder körperlichen Intimität so nahe ist, ist Sexualität „einfach nur so“ eigentlich unmöglich. Mit der Stille ist alle Liebe heilig. Jede körperliche Begegnung vereint sowohl zwei Körper als auch zwei Seelen in der Stille. Solche Intimität gehört mehr zu uns, als den meisten Menschen bewußt ist oder sie sich zugestehen wollen. Jede Beziehung, in der die Stille so offen daliegt und so intim miteinander geteilt wird, ist heilig.

> *Sexualität ist der Ausdruck der schöpferischen Freude und Gegenwart der Liebe. Sie ist der Funken der Stille in uns im kosmischen Tanz der Schöpfung.*

So, wie das Kloster die Tradition fortführt, Sinnlichkeit nur in einer Beziehung zu erfahren, nämlich im unmittelbaren Erleben der Stille, so sind auch wir, die außerhalb der Klostermauern leben, zu derselben Erfahrung göttlicher Intimität aufgefordert. Mit oder ohne Partner dürstet unser heiliges Ich nach dem Eins-Sein in der Stille. Wir können die Liebe in der Stille ebensowenig besitzen wie unseren Partner. Wir sind aufgefordert, die Liebe der Stille von unserem Partner, aus der Natur, aus schöpferischer Arbeit und kreativem Spiel, aus unserem Gebet und unseren Meditationen zu empfangen. Die Liebe der unendlichen Stille läßt sich weder unterdrücken noch können wir darin schwelgen, sie läßt sich nicht verleugnen und ebensowenig besitzen, aber wir können sie einfach Tag für Tag leben.

## Kinder

Im Kloster ohne Mauern gibt es auch Kinder, die wir als die reine Schöpfung des Innersten Wesens feiern. Kinder sind die großen Lehrer der Liebe der Stille. Ihre Unschuld ist ein Geschenk der Stille an uns, das uns an unser eigenes wahres Wesen erinnert. Im Gesichte eines Kindes sehen wir das zeitlose Gesicht der Stille. Wenn wir Kinder zu schätzen wissen, bringt uns das zu den endlosen Schätzen der Stille.

Jeder sagt jetzt: „Ja, aber mein Kind...? Das ist nicht immer süß und unschuldig! Es ist..." Wo auch immer unser Kind uns hinführt, können wir die Stille erleben. Seine Unschuld kann uns für die

Freuden und Prüfungen offenhalten, die ein Leben mit Kindern mit sich bringt.

Das Leben mit Kindern verläuft nicht immer leicht und reibungslos. Und es ist alles andere als erfüllt von goldener Stille. Als vollkommene Lehrer führen die Kinder uns bis an unsere Grenzen und fordern uns auf diese Weise heraus, überall die Stille zu finden, so wie kein erwachsener Lehrer es könnte. Unsere Kinder nehmen uns an die Hand und leiten uns, genau so wie wir sie zu neuen Erfahrungen führen. Wir haben die Wahl, entweder zu kämpfen und uns den neuen Erfahrungen zu widersetzen, die uns die Kinder bringen, oder den Frieden der Stille zu suchen, der gegenwärtig ist. Das Ziel ist, unsere Kinder zu lehren, Schwierigkeiten nicht zu vermeiden oder zu umgehen, sondern sich mit ihnen auseinanderzusetzen, so daß Störungen und Lärm zu einer Gelegenheit werden, die friedliche Stille einzuladen. Es ist nie zu früh oder zu spät für Kinder, aktiv am Leben im Kloster ohne Mauern teilzunehmen.

*Als Eltern nehmen wir unsere Kinder so an, wie wir niemanden sonst annehmen würden. Sie vermögen nichts zu tun, was unsere Liebe zu ihnen zunichte machen könnte. Das gibt uns ein Beispiel für das ungeheuer starke Band der Liebe, das die Stille mit uns verbindet. Die Liebe zu unseren Kindern, die wir immer wieder in allen möglichen Situationen entdecken, ist nur ein schwacher Abglanz dessen, wie sehr die Stille jeden Teil von uns liebt.*

Kinder machen uns in all den Freuden und Herausforderungen, die sie darstellen, ein großes Geschenk. Unser Band der Stille hält uns sehr eng mit ihnen verbunden. Das Leben mit ihnen wird eine Fülle von Situationen bringen, für die wir uns entweder öffnen oder die wir beherrschen wollen. Jedesmal, wenn wir „ja" sagen, wird der Ort der Stille in uns geprüft. Sagen wir ja, weil wir keine Geduld mehr haben oder weil wir glauben, es sei das beste für unser Kind? Kommen unsere Antworten aus unserer inneren Stille, oder sind sie Reaktionen auf den Lärm in ihnen oder in uns? Der Wunsch, mit unseren

Kindern wahrhaftig sein zu können, führt uns tiefer in uns selbst hinein. Wir bekommen Anstöße, zu glauben, anzunehmen, zu verzeihen, mitfühlend, sanft und stark zu sein und noch viel mehr. Alle diese Qualitäten müssen Tag für Tag in der Stille entwickelt werden. Wenn wir unseren Kindern helfen wollen, sich ganz und gar zu lieben und anzunehmen, müssen auch wir jedes Gefühl, das sie in uns auslösen, annehmen und Frieden damit schließen. Wenn wir ein Leben voller Erlebnisse und Aktivitäten schaffen wollen, das ihrer Anlage und Wesensart würdig ist, müssen wir offen bleiben für die Lebendigkeit der Gegenwart. Es gibt keinen wacheren geistigen Weg als den, Kinder aufzuziehen.

*Kinder, die unser Herz in ihren kleinen Händen halten, erweitern ganz natürlich unsere Grenzen und fordern uns heraus, zu fühlen, anzunehmen und die Stille zu entdecken. Wenn wir unsere Kinder zur Welt bringen und aufziehen, gebären wir viel mehr als ein physisches Wesen, ziehen wir viel mehr groß als eine Persönlichkeit. Wir geben einer Seele Gelegenheit, in der Welt zu sein. Dadurch hat auch unsere Seele Gelegenheit, neu geboren zu werden. Immer wenn wir unseren Kindern ein Stück von uns selbst schenken, wird die Stille in ihnen stärker, und überall werden Wesen von der unverfälschten Liebe berührt. Unsere Kinder beanspruchen uns und fordern uns heraus; sie lachen und spielen mit uns und lehren uns ein ganzes Leben lang, in jeder Beziehung mehr wir selbst zu sein.*

## Echte Bedürfnisse

Jeder Mönch und jede Nonne steht vor der Herausforderung, den Unterschied herauszufinden zwischen echten Bedürfnissen — nach Nahrung, Besitz oder Beziehungen — und den Bedürfnissen, die durch eine tiefere Beziehung zur Stille befriedigt werden können. Von uns ist dasselbe gefordert. Doch darüber hinaus müssen wir uns fragen, ob unsere Besorgungen und Erledigungen, unsere Treffen und Versammlungen zu unserem wahren Weg gehören oder uns nur beschäftigt halten. Gehören die „Extras“ z.B. an Einkäufen und Essen zu unserem Leben in der Stille, oder sollen sie nur unsere Aufmerksamkeit ablenken, sind sie Ersatz für mehr Sein, für mehr Intimität mit der Gegenwart der Stille in uns?

Das Leben im Kloster ohne Mauern kann unser Leben auf unsere echten Bedürfnisse und auf das Heilige konzentriert halten. Hier können wir besser wissen, welche Teile unseres Lebens der inneren Stille dienen und was wir nur tun, um uns von uns selbst und der Stille zu trennen.

Alle Bedürfnisse können uns zunächst tiefer in die Stille führen. Wir können jeden Tag daran denken, zuerst in die Stille zu gehen, so daß alles, was wir brauchen, viel leichter zu uns kommen kann. Wenn wir Schutz und Obdach brauchen, können wir als erstes in der stillen Gegenwart Schutz suchen. Wenn wir etwas zum Essen brauchen oder uns nach Gesellschaft sehnen, können wir uns zuerst von der Stille nähren lassen und sie zu unserem engsten Begleiter machen. Wenn wir offen dafür sind, kann die natürliche Ordnung der Dinge alle unsere Bedürfnisse stillen, direkt oder indirekt, indem sie uns zur einfachsten Lösung führt. Je mehr wir in der Stille unsere Bedürfnisse spüren, desto tiefer kann die Stille in uns hineinreichen und uns den vollkommenen Schutz, die vollkommene Nahrung und die vollkommene Gesellschaft geben, die am besten ausdrückt, was die Stille für uns möchte.

In dem Maße, wie das Leben unsere Sehnsucht in die Stille bringt, merken wir, daß wir immer weniger brauchen. Der Weg des Empfangens der friedlichen Gegenwart führt dahin, daß wir uns von ihr erfüllen lassen. Unser immerwährendes Glück liegt in den freundlichen Aufmerksamkeiten der Stille.

*Wer glücklich ist, braucht fast nichts. Der Unglückliche könnte die ganze Welt sein eigen nennen, und sie würde ihm nichts bedeuten. Die Stille besitzt alles für uns, so daß wir einfach voller Freude* sein *können.*

Heiliges Leben bedeutet herauszufinden, welche unserer Bedürfnisse echt sind und welche Zeit besser damit verbracht wäre, einfach zu *sein*. In dem Maße, wie wir für die Stille der Liebe offen werden, merken wir, daß uns vieles von dem, was wir zu brauchen glaubten, in der immer gegenwärtigen Süße längst geschenkt ist.

## Arbeit

Es gibt Arbeit, die wir tun, um unseren Lebensunterhalt zu sichern, und Arbeit, die dem Leben Sinn gibt. Je mehr unser Leben von Angst beherrscht ist, desto wahrscheinlicher ist es, daß wir einfach nur arbeiten, um zu überleben Je mehr der einfache Frieden unsere Tage erfüllt, desto leichter fällt es uns, zu vertrauen und die vollkommene Arbeit in der Stille zu finden.

Sehr oft hängen wir mehr an der Bezeichnung unserer Arbeit als an dem, was wir tatsächlich tun. Es ist nicht immer unsere Arbeit, die uns befriedigt, sondern wie nahe wir uns dabei der Stille in ihr fühlen. Es gibt Lehrer oder Heiler, die arbeiten, als ob die Stille in ihrem Leben nicht existierte. Und es gibt Feldarbeiter und Ladenbesitzer, die der intimen Gegenwart der Stille so nahe sind, daß fast jeder Mensch in ihrem Gesicht die Liebe leuchten sieht. Die eigentliche Arbeit besteht darin, daß wir in allem, was wir tun, die Stille spüren. Das tun wir, wenn uns bei der Arbeit bewußt ist, mit wem wir zusammen sind, was wir tun und wie wir uns fühlen. Wenn wir uns liebevoll um alle Einzelheiten der Arbeit kümmern, die wir gerade vor uns haben — ob das nun ein Telefongespräch ist oder der Vorsatz, einen Brief zu beantworten —, werden wir uns der Einzelheiten der Stille in unserer Mitte bewußt. Wir stimmen uns in den inneren Vorgang der Arbeit ein, in unser Bewußtsein und in das, was im Augenblick erforderlich ist, ohne unsere Gedanken abschweifen zu lassen. In dem Maße, wie wir uns der Stille bewußt sind, wird unsere Arbeit ständig neu und anregend. Unsere Arbeit ist ein Weg zu der immer volllkommener werdenden Stille, und das Bewußtsein davon läßt die Arbeit nie langweilig werden. Ohne ein Herz voller

Stille wird die Arbeit eintönig, ganz gleich, wie angesehen sie ist oder wieviel sie uns einbringt. Wenn wir nur auf zukünftige Ziele hin leben, entfernen wir uns von der Stille, die *jetzt* mit uns ist.

Wenn wir davon besessen sind, voranzukommen oder irgendeine Schwierigkeit zu überwinden, entgeht uns leicht die friedliche Unterstützung, die wir bereits in uns haben. Wenn wir abgelenkt sind von dem Lärm, etwas produzieren, verkaufen oder besser als andere machen zu wollen, legen wir wahrscheinlich weniger bewußte Mühe in das, was wir gerade tun. Es gibt einen Weg der Achtsamkeit in der Arbeit, wie es ihn für jeden anderen Lebensbereich auch gibt. Die Arbeit wird zu unserer Meditation, zu einem zentralen Teil eines bewußten Lebens.

Die Liebe in der Stille hat ganz bestimmte Pläne mit uns. Wenn unser Herz offen ist, sagt uns die Stimme der Stille in unserem Inneren ganz klar, daß wir der Liebe vertrauen sollen, die unser wahrer Führer und Arbeitgeber ist. Prüfungen im Arbeitsbereich sind Herausforderungen an das Vertrauen in die Gegenwart der Stille, das Vertrauen darauf, daß die Stille für uns sorgt.

*Der Kampf ums Überleben entspringt der Angst, ganz allein zu sein und die Welt gegen sich zu haben. Die Liebe in der Stille erinnert uns daran, daß wir in Gottes Mitte leben, die voller Sinn und Bedeutung und voll liebender Fürsorge ist. Wenn wir im Kloster ohne Mauern leben, weichen unsere Sorgen ums Überleben dem Vertrauen in die Stille. Die Augenblicke der Heiligkeit schmelzen unsere Ängste, und an ihre Stelle tritt ein praktisches Leben voll freudiger Wesentlichkeit.*

*Jeder von uns ist zu einer Arbeit berufen, die ihm Erfüllung bringt. Erfüllende Arbeit ohne ein Leben voller Stille ist nicht möglich. Wir sollen für die Stille arbeiten, in der Stille, mit der Stille und spüren, wie die Liebe der Stille durch uns wirkt.*

## Dienen

Unsere Sorgen um die Arbeit verwandeln sich in das Bedürfnis zu dienen. Wenn wir unsere Sicherheit in der Stille gefunden haben, sorgen wir uns weniger um uns selbst und kümmern uns mehr um alle anderen Wesen und um das Wohlbefinden der Erde. In der Stille sind wir nicht mehr eine einzelne Seele, ganz für sich in einer Welt voller Seelen, die andere Seelen brauchen. Wir sind vielmehr eine Seele, die den Ozean der Stille repräsentiert und die den anderen Seelen helfen möchte, den Ozean ebenfalls zu spüren, den wir in unserem Inneren gemeinsam haben. Wenn wir unsere Sorgen um uns selbst überwinden und uns stattdessen um andere kümmern, sind wir nicht mehr von uns selbst absorbiert, sondern von der Stille. Das gibt uns Mut zu mehr Offenheit und Mitgefühl Dienen ist der Ausdruck der Stille, ist tätige Liebe. Ihr liegt nicht so sehr an großen Taten als vielmehr an den kleinen Dingen, daran, wie wir andere aufnehmen und uns um sie kümmern.

Viele Menschen haben den Wunsch, ihren Beruf zu wechseln, um anderen dienen zu können. Aber dazu müssen sie zunächst aufhören, für sich selbst zu arbeiten, und anfangen, es für andere zu tun. Es ist selten, daß jemand eine gutbezahlte Arbeit im Verkauf oder im Büro verläßt, um eine andere gutbezahlte Arbeit im sozialen oder beratenden Bereich anzunehmen, denn um der Stille zu dienen, bedarf es mehr. Um anderen mehr geben zu können, müssen wir mehr von uns selber geben. Wenn wir die Bedürfnisse der anderen achten, finden wir auch neue Achtung vor uns selbst. Menschen bekommen dann etwas von uns, wenn sie allmählich selbst die Stille finden, die in ihnen wirkt, die sie führt und ihr Leben bewegt, so daß auch sie ein Ausdruck der Liebe in der Stille sind. Wir merken nichts davon, wir ahnen nichts von der gewaltigen Anstrengung, wir erkennen es nicht an, doch die stille Liebe gibt und gibt, durch uns und an uns selbst. Die Liebe in der Stille gibt uns ein ständiges Beispiel des Dienens. Deshalb ist der Weg des Dienens ein so genaues Abbild des selbstlosen Dienens der stillen Reiche. Dienen heißt, mit der Stille zu verschmelzen und zu geben, ohne dafür Anerkennung zu brauchen oder etwas zurückzuerwarten. Eine Seele, die sich einem Leben des Dienens geöffnet hat, empfängt ihre Dankbarkeit und Anerkennung direkt von der göttlichen Liebe.

*Mönche und Mystiker gehen oft den Weg des Dienens, weil Dienen bedeutet, in die Spuren zu treten, welche die Stille uns immer wieder vor die Füße legt. Die Stille bittet uns, anderen zu dienen, damit sie uns dienen kann. Dienen ist ein Weg in die stille Liebe, die alles für uns werden kann — unser Antrieb und unser Dank.*

Und was ist Dienen? Dienen hat gewöhnlich nichts mit großen Taten zu tun; diese sind so oft nur Ausdruck unseres Dranges nach Ansehen und Erfolg. Dienen liegt in den kleinen Dingen, die wir füreinander tun, um die einfachen Augenblicke des Lebens schön zu machen. Dienen kann heißen, sich die Zeit zu nehmen, zum Essen eine Kerze anzuzünden. Dienen kann heißen, den Menschen, an den wir denken, in unser Gebet einzuschließen. Dienen heißt, für jemanden da zu sein, den wir eigentlich nicht als Freund betrachten. Dienen spornt unseren Eifer an, da mehr zu geben, wo wir eigentlich weniger geben wollten. Wir können das, wenn wir uns bewußt werden, daß wir damit der Stille in den anderen Menschen dienen. Und jedes Geschenk an die Stille ist auch ein Geschenk an uns selbst und an alle anderen. Dienen heißt da zu sein, einer Seele in Not oder in großer Freude wirklich zuzuhören. Dienen ist liebende Sorge um andere. Dienen heißt, schnell mit Geduld bei der Hand zu sein und langsam mit Entrüstung. Dienen heißt, „ja" zu sagen, anstatt dem Impuls der Angst zu folgen und uns zu verweigern. Dienen heißt bleiben, wenn wir schon gehen wollen. Dienen heißt Zeit finden, wenn wir in Zeitnot sind, uns zum Zuhören durchringen, wenn wir zu gerne selbst reden wollen. Und es heißt auch sprechen, wenn es leichter wäre zu schweigen. Dienen heißt, die schwierigen Dinge tun, die wir liebend gern jemand anderem überlassen würden. Der Weg des Dienens ruft uns, zieht uns zu sich hin und erweitert uns und zerbricht uns zuweilen für einen größeren Weg des Dienens.

Der Weg des Dienens führt uns schnell zu unseren Widerständen, zu unserem Egoismus, unserer Faulheit und der Hoffnungslosigkeit, etwas wirklich Wertvolles beitragen zu können. Es scheint unendlich viele Hindernisse zu geben, wenn es darum geht zu dienen. Unser Versagen bewirkt vielleicht, daß wir uns an die Stille wenden, damit wir über uns hinauswachsen und etwas Bleibendes bewirken können. Wir merken, daß wir nicht wirklich dienen können, wenn wir nicht die Stille in uns um Beistand bitten. Das Dienen kann uns lehren, in allem, was wir tun, von diesem Frieden abhängig zu sein. Auf dem Weg des Dienens gibt es Zeiten, wo wir uns mißbraucht fühlen, und Zeiten, wo wir sicher sind, daß wir die wahren Dimensionen unserer Seele und die große göttliche Fürsorge entdecken, der keine Schwierigkeit zu groß und kein Bedürfnis zu viel ist.

*Große Seelen gehen den Weg des Dienens, wo Mut bedeutet, so klein zu sein, wie wir sind, und doch die Stille zu repräsentieren, die so unendlich groß ist. Wir beginnen den Weg des Dienens wieder und wieder in diesem Augenblick, indem wir unser Allerbestes geben, wie es gerade nötig ist. Die Stille bittet um unsere Aufmerksamkeit.*

## Das Kloster

Wenn wir über den äußeren Anschein hinwegsehen, ist das Leben innerhalb der Klostermauern nicht so viel anders als das Leben im Kloster ohne Mauern. Der Mönch oder Mystiker in uns ist herausgefordert, sein Leben im ständigen Kontakt mit der großen Stille zu leben. Wir haben in unseren Beziehungen das Teilen zu entdecken und die Qualität des Seins, die uns öffnet und mehr Heiligkeit gibt. Unsere Sexualität kann uns zu den intimsten Erfahrungen in der Stille führen, zu der Hingabe, in der wir die Zärtlichkeiten voller Stille empfangen. Ob wir mit einem Partner zusammen sind, ob wir zu einer Gemeinschaft gehören, die sich Gott verpflichtet hat, ob wir allein in der Natur sind oder ganz versunken in unseren eigenen schöpferischen Prozeß — wir merken, daß die sexuelle Energie buchstäblich die Energie der Schöpfung ist. Wir trachten nach einem Leben, in dem uns unsere wahren Bedürfnisse bewußt werden, und erkennen dabei allmählich den Unterschied zwischen echten Bedürfnissen und denen, die uns nur davon abhalten, die Liebe in der Stille zu spüren. Mit wachsendem Bewußtsein wird es selbstverständlicher für uns, weniger für uns selbst und mehr für andere arbeiten zu wollen. Das Leben ist nicht mehr getrennt von unserem Streben nach dem Heiligen — es ist voller Gelegenheiten zum Lieben und zum Dienen. Das Heilige ist uns niemals sehr fern.

Das Leben wäre sehr geschäftig ohne die Gegenwart der Stille, die uns langsam macht und uns daran erinnert, wofür wir da sind. Es wird uns zum Bewußtsein gebracht, daß wir in der heiligen Stille überall um uns her und in unserem Inneren leben. In allem, was uns begegnet, schließen wir uns der großen Tradition der Mönche und Mystiker an — nicht notwendigerweise in unserem Tun, sondern darin, wieviel wir von uns selbst in unser Sein und Dienen legen. Jedes Geschenk geht einen langen Weg, bis es die Gegenwart der Stille in jenen Menschen berührt, denen wir etwas von uns geben. Das Leben als Dienst bestärkt die Stille, schützt und ehrt sie für zukünftige Generationen.

*Der Alltag ist unser farbiges Fenster in der Kathedrale der Stille. In der Stille jeder Beziehung begleiten uns die Mutter und das Kind, der Vater und der Heilige Geist. Unser Klostergarten hat keine Mauern, er ist in jedem Menschen zu finden. Und je öfter wir ihn aufsuchen, um so klarer hören wir im einfachen Frieden des Gartens eine Stimme, die uns zuruft: „Komm näher!“*

KAPITEL FÜNF

# Wege in die Stille

Obwohl die Stille allgegenwärtig ist und uns so große Liebe verspricht, ist es oft schwierig, in sie einzutreten und in ihr zu verweilen. Über die Jahrtausende hinweg haben Mönche und Nonnen die heiligen Wege entdeckt, die uns das stille Einssein finden lassen, die uns für die vielen Eigenschaften der Liebe öffnen. Manche dieser Wege sind leicht zu finden, andere stellen eine echte Herausforderung dar. Für jede Seele, die sucht, gibt es mindestens einen Weg in die heilige Stille, denn jede Seele trägt das Wissen in sich, wie es die stille Gegenwart finden kann, die für uns alle so voll wahrer Bedeutung ist. Diese Wege müssen in unserem Leben enthalten sein; sie sind gerade richtig, wirklich praktisch und doch heilig.

## Achtung

Achtung zollen wir einem Menschen, den wir lieben, der in unseren Augen viel geleistet, viel gegeben oder sich einen besonderen Platz in unserem Herzen erworben hat. Wir achten unsere Eltern, unsere Freunde, wir schätzen Menschen in bestimmten Berufen, Wissenschaftler und berühmte Leute, denn sie haben in unseren Augen Ehre und Anerkennung verdient. In den Augen der Stille verdient jedes Wesen Achtung, denn die Stille kennt die Kämpfe und Siege einer jeden Seele bis ins kleinste Detail. Das Innerste Wesen, Gott, spürt und ehrt das Innerste jedes Wesens und hält es heilig. Alles Lebende zu achten ist ein Weg, der uns tiefer in die Stille hineinführt und uns zeigt, daß die Stille für jeden von uns einen besonderen Platz hat.

*Das Leben in jeder Kultur erreicht seine Blüte genau in dem Maße, wie jedes Wesen in ihr geachtet wird. Besonders diejenigen müssen geachtet werden, die abgelehnt oder ausgestoßen sind. Wenn wir Zeit für andere finden und ihren Wert erkennen, kommen wir der Wahrnehmung der Stille näher. Eine Kultur, die ihre Mitglieder achtet, kann in jeder Jahreszeit des Lebens die stille Schönheit erkennen.*

Wir achten die kleinen Details des Lebens, wie zum Beispiel die Gefühle anderer Menschen, wenn wir uns der Stille in den kleinen Augenblicken bewußt werden. Wie die Wissenschaftler, die kürzlich entdeckten, wie sehr die Mikroorganismen in den Tiefen des Ozeans die gesamte Nahrungskette des Planeten bestimmen und wie groß der Einfluß der Regenwälder Südamerikas auf die Luftqualität überall in der Welt ist, respektieren wir allmählich die scheinbar ganz kleinen Dinge im Leben und würdigen ihre wirkliche Bedeutung.

Achtung, Ehre und Wertschätzung, die wir den Umständen unseres Lebens entgegenbringen, kann uns die Feinheiten sichtbar machen, das subtile und doch präzise Wirken der großen Stille. Wenn wir Achtung haben, erfüllt uns das ganze Leben mit Sinn, mit jenem Sinn, den die große Stille in sich trägt und ehrt. In dem Maße, wie wir Achtung vor allen Wesen, vor unseren Gefühlen und vor unserem Weg entwickeln, ganz gleich, welche Kurven und Windungen gerade vor uns liegen, werden wir wach für die Richtigkeit und Vollkommenheit unseres Weges. Achtung vor anderen entwickeln wir, indem wir uns selbst achten lernen. Indem wir üben, die Stille zu spüren und uns an ihr zu freuen, würdigen wir unser eigenes Wesen. Die Liebe verleiht uns Wert. Wenn wir lernen, die Liebe in den kleinen Augenblicken des Lebens zu finden, können wir sie als Geschenke von unermeßlichem Werte schätzen. Achtung lehrt uns, nicht so richterlich, sondern lieber geduldig zu sein, weniger geneigt, uns selbst und andere ändern zu wollen, sondern alles gleich zu werten, was immer das Leben uns darbringt. Keine Begegnung, keine Erfahrung ist unserer Achtung unwürdig. Mit Achtung halten wir jeden Menschen in unserem

Leben, mit ihr heben wir ihn in das Licht der Stille empor. Das Leben in Heiligkeit unterscheidet sich vom alltäglichen Leben dadurch, wieviel Achtung wir einander entgegenbringen.

## Zuhören

Achtung bedeutet, daß wir bereit sind anzunehmen, was zu uns kommt. Achtung ist eine Art, der Stille zuzuhören.

*Die Stille spricht zu uns, wenn wir lauschen . . .*

Wenn wir uns die Zeit nehmen zu lauschen, hören wir die stille Gegenwart im anderen. Die Stille spricht zwischen den Worten. Unsere Achtung voreinander gibt uns die Geduld zuzuhören, so daß uns die Eigenschaften der Stille erfüllen statt der leeren Worte, mit denen wir uns gewöhnlich zufriedengeben. Wenn wir zuhören können, sind wir weniger impulsiv mit unseren eigenen Wünschen und achten mehr auf die Bedürfnisse der anderen. Wenn wir zuhören, stellen wir unsere Wahrnehmung auf die Feinheiten der Gegenwart des anderen ein, auf die Feinheiten in jeder Stimme, in jedem Teil des Lebens. Zuhören bringt uns weiter in die Stille hinein. Wir können die Worte hören, die da sind, auch wenn sie nicht gesprochen werden. Diese Worte bleiben in der Stille zwischen uns stehen, bis jemand bereit ist, sie zu hören. Wenn wir zuhören, erleichtern wir die Stille um die Liebe, die sie birgt. Die stille Gegenwart in uns hört zu und unterstützt damit die große Gegenwart der Stille in allen. Wenn wir auf unser inneres Wesen hörten, würden wir sicherlich in der Welt nicht solchen Lärm machen. Wir würden uns mit nichts Geringerem zufriedengeben als mit den reinen Worten, jenen Worten, die Substanz haben.

Bis dahin haben die wahren Worte, die aus der Stille in uns kommen, die Klänge des Herzens, die in vollkommene Stille gehüllt sind, wenn wir sie hören, ganz von selbst unsere ehrliche Achtung. Das Zuhören führt uns in die heilige Stille, wo wir erfahren, wie sehr wir gehört werden, ob wir gerade sprechen oder nicht.

## Hingabe

Wenn wir erleben, wie es ist, die Stille zu hören, bringt uns das vielleicht zur Hingabe. Aktives Zuhören kann uns einen sehr klaren und reinen Weg der Hingabe an die große Stille zeigen. Jeder Mensch sucht, irgend etwas in seinem Leben, dem er sich ganz und gar hingeben kann. Gewöhnlich halten wir uns zurück, uns anderen ganz hinzugeben, weil wir Angst vor ihrer Reaktion haben. Die Stille kann der einzige Ort sein, wo wir die Sehnsucht unseres Herzens langsam in vollkommene Hingabe auflösen können. Ein Partner oder eine Arbeit kann vielleicht nicht all unsere Liebe aufnehmen, die Stille hingegen empfängt so viel von uns, wie wir zu geben bereit sind.

Hingabe bedeutet, daß wir unsere Gedanken und Gefühle, unsere Liebe und unsere Angst, unsere Hoffnungen und Erwartungen der Stille schenken. In dem Maße, wie wir uns der vollkommenen Stille übergeben, schenkt die Stille sich uns. In dem Maße, wie wir uns in Hingabe der friedlichen Ruhe überlassen, schenkt uns die geräuschlose Welt die Reinheit der Liebe. Oft wollen wir den Menschen nicht zu viel von uns schenken, weil wir fürchten, sie könnten abhängig davon werden. So geben wir ihnen nicht alles, was wir könnten. In die Stille können wir wieder und wieder kommen, und ihr können wir alles schenken. Wenn wir der Stille mehr von uns schenken, lernen wir die Freude kennen, ihr oft etwas von uns zu geben, in vielen Bereichen des Lebens. Das kann in einer Kultur, die Unabhängigkeit und Für-sich-selber-Sorgen groß schreibt, schwierig sein. Menschen, die ihre Angst und ihr Zögern überwinden, erleben jedoch echte Hingabe. Die Stille fühlt sich ihnen sehr nahe und ist voller Zärtlichkeit für sie.

*Hingabe durchströmt uns, wenn wir auf den Knien liegen und den Thron der Liebe im Innersten der Stille erkennen. Hingabe kommt zum Blühen, wenn wir aufgefordert sind, für die Stille in einem Menschen zu sorgen, der in Not geraten ist.*

Liebende Sorge und Demut stehen der Hingabe sehr nahe. Bei etwas Übung umhüllt die Reinheit der Hingabe unsere Kümmernisse mit einer Decke des Friedens. Hingabe ist ein Wert, den die Liebe überall sehr dringend braucht, die unerkannte und doch so wirkliche Liebe in der Stille. Wenn wir uns in unseren Meditationen und Gebeten hingebend der unendlichen Ruhe überlassen, erleben wir, wie ein Strom der Vergebung in uns zurückfließt. Wenn wir üben, uns ganz und gar hinzugeben, spüren wir, wie sehr die Stille sich uns hingibt. Jeder kleine Akt der Hingabe, all die kleinen fürsorglichen, liebevollen Aufmerksamkeiten, die wir einander erweisen, verbinden uns auf unerklärliche Weise mit der Hingabe, mit der die Stille allem Leben dient. Unsere Hingabe an die kleinen Ansprüche unseres Lebens macht unsere Umgebung schöner und erfreut die Menschen, mit denen wir zusammenleben. Die winzigen Bedürfnisse, die wir erfüllen, unsere einfachen Akte der Liebe, sind ein Spiegel der Hingabe, mit der die Gegenwart der Stille uns umsorgt.

## Einfachheit

In einem komplizierten Leben kann man sich nicht hingeben. Hingabe erfordert Einfachheit; dort spüren wir den reinen Strom der Liebe, ohne daß die Welt uns stört.

> *Einfachheit zeigt uns einen sehr praktischen Weg tief in die Stille hinein. In der Einfachheit liegt die Lösung für jede Frage, für jedes Gefühl und jede Schwierigkeit. Ein einfacher Beginn zieht ein einfaches Ende nach sich. Ein einfacher Morgen macht auch den Mittag und den Abend einfach. Einfache Gaben ziehen ganze Bündel von Liebe aus der Stille herbei.*

Einfachheit ist eine Sache des Herzens. Unser Kopf setzt unentwegt Gedanken in die Welt, unser Körper ist unermüdlich damit beschäftigt, alle möglichen Dinge zu tun, ein friedliches Herz aber verdanken wir einzig der Kunst der Einfachheit. Die Gedanken und

Handlungen, die aus einem friedlichen Herzen kommen, haften in der Stille. Das Leben — ganz gleich, wie geschäftig oder wie ruhig es verläuft — bleibt dadurch einfach.

Einfachheit läßt das Leben nicht zu vielschichtig werden oder sich im reinen Tun verlieren. Einfachheit hält uns in allem, was wir tun, sehr nahe an der Stille. Wenn wir einfach leben, bleiben unsere Handlungen und Ziele in Einklang mit dem Anliegen der Stille. Was wir denken und tun, entspringt dem Frieden unserer inneren Welt, wenn Frieden unser höchstes Ziel ist. Einfachheit hält uns frei von dem Drang, uns wichtig zu machen. Unsere Ganzheit hängt davon ab, ob wir unser Leben der Einfachheit weihen. Unser Herz kann zu der Quelle werden, die die Einfachheit der Ruhe in uns zurückfließen läßt.

*Einfachheit bedeutet, in der Gegenwart zu leben und zu spüren, daß die Gegenwart in uns lebt. Es ist ein Wagnis, in Einfachheit zu leben. Wenn wir ein einfaches Leben führen, brauchen wir nicht andere oder die Umstände für unsere Probleme verantwortlich zu machen. Wir müssen uns weder in Zukunftshoffnungen noch in die Segnungen der Vergangenheit flüchten: Einfachheit heißt uns, einfach* jetzt *zu leben und zu spüren, wieviel Licht und Leichtigkeit in diesem Augenblick da ist, um unsere Schatten zu berühren. Einfachheit trägt uns rasch durch die Herausforderungen des Lebens; Probleme werden nicht so verwickelt, daß wir ihre Lösung auf einen anderen Tag verschieben müssen. Wenn wir uns zuerst an den Frieden in unserem Herzen wenden, bekommen wir immer einfacher auch die Antwort. Wenn wir uns üben, in der friedlichen Gegenwart zu leben, wird unsere Lebensweise einfacher. Diese Einfachheit zeigt uns den Weg durch jede Schwierigkeit.*

Wenn wir uns nach dem einfachen Leben sehnen, kommt die Stille uns näher. Das einfache Leben mißt sich nicht so sehr an dem, was wir tun, sondern wieviel Liebe wir darauf verwenden. Einfachheit öffnet uns eine neue Welt, eine Welt des Wunders — sie zeigt uns, wieviel Liebe in einfachen Dingen zu finden ist: im Zubereiten einer Mahlzeit, in einem Gartenspaziergang, oder wenn wir jemandem etwas geben, was er gerade braucht. Geben und Nehmen, Sanftheit, Geduld und Freude bekommen in einem Leben der Einfachheit neuen Sinn.

Einfachheit heißt schlicht, einen Augenblick des Lebens nach dem anderen zu leben und zu schätzen. Mit Einfachheit hat jede Begegnung mehr Bedeutung. Einfachheit wird leichter und natürlicher für uns, wenn wir die Stille achten, wenn wir auf sie horchen und uns ihr hingeben.

*Wenn wir uns einem einfachen Leben weihen, das uns hilft, mehr in der Gegenwart und erfüllt von der ruhigen Ganzheit zu sein, dann spüren wir die Erde unter unseren Füßen und schätzen die Menschen um uns her wahrhaftig.*

## Gefühle

Ein Leben in wahrer Einfachheit bringt uns viele Gefühle zum Bewußtsein, für die wir vorher keine Zeit hatten. Unser Streben nach Einfachheit macht uns vielleicht unsere Gefühle der Leere bewußt, unsere Angst und Wut, unsere Enttäuschung und unseren Schmerz und auch die Hoffnung. In unserer Einfachheit sind uns alle Gefühle gegenwärtiger, denn wir können uns nirgendwo verbergen.

Jeder von uns hat Gefühle, die natürlich und spontan auftauchen. Gefühle sind Ausdruck der Stille in uns. Durch unsere Freude, unsere Trauer, unsere Aufregung und all die anderen Gefühle können wir die Stille erfahren. Neben vielen gewöhnlichen Gefühlen, die wir kaum wahrnehmen, hat jeder von uns auch Zweifel und Ängste, die uns manchmal fast überwältigen. Zwanghafte Gefühle und auch das Gefühl, die Kontrolle verloren zu haben, sind nicht selten bei Menschen, die sich dem Frieden der Stille verschlossen haben. Manche Menschen haben zum Beispiel immer wiederkehrende Ängste vor der Armut. Diese Ängste können darauf hindeuten, daß sie sich von der stillen Gegenwart abgeschnitten fühlen, daß sie nicht loslassen, sich von ihrem eigenen Reichtum an Stille nicht erfüllen lassen können. Immer wiederkehrende Ängste zeugen von der Leere in uns, die die friedvolle Stille nicht empfangen hat. Sie kommen aus den inneren Bereichen, denen wir uns nicht ergeben, die wir nicht in die Obhut der Stille gestellt haben. So leben wir stattdessen mit unseren Ängsten und kämpfen weiter.

Solche Gefühle repräsentieren die Teile unseres Lebens, die die Ganzheit der Stille eingebüßt haben. Mit dem Gefühl, die Kontrolle zu verlieren, reagieren wir vielleicht auf Situationen, die denen unserer Kindheit ähneln; traumatische Erlebnisse wie unsere Geburt, der Verlust eines geliebten Menschen oder ähnliches trennten uns vielleicht von der Liebe der Stille. Die Trennungserlebnisse der Kindheit hinterlassen emotionale Narben in uns. Viele Menschen möchten ein spirituelles Leben führen, ohne die emotionalen Narben geheilt zu haben, die die erste Verleugnung oder Ablehnung unseres Lebens in der Stille in uns hinterlassen hat. Augenblicke friedlicher Stille erinnern uns oft an die Beziehungen und Situationen, in denen der Lärm die Oberhand gewann und die Integrität unserer eigenen Stille verleugnet wurde.

Wenn wir ein neues Bewußtsein und eine neue Beziehung zu unseren latenten Gefühlen entwickeln, sind wir nicht länger das Opfer unserer Kindheitstraumata, unsensibler Eltern, einer lieblosen Kirche oder der ersten Begegnungen, die uns schwächten. Diese Verletzungen bereiten uns noch immer Schmerzen und rufen nach der Liebe der Stille. Die zwanghaften Teile unserer Persönlichkeit haben gewöhnlich mit diesen Gefühlen zu tun, die noch immer nach Liebe schreien, nach den Zärtlichkeiten der Stille. Die Bereiche unseres Lebens, in denen wir uns als Opfer empfinden, sind voller Gefühle, die darauf warten, daß wir uns ihnen öffnen, daß wir sie annehmen und der Stille übergeben. Die Vergangenheit bleibt schwer, bleibt eine Last, solange wir sie getrennt von der Liebe tragen. In der Fülle der Liebe und Unterstützung der Gegenwart löst sie sich auf. Die Zukunft liegt in unserer Hand, hängt davon ab, wie wir uns der unendlichen Fürsorge öffnen, die in unserer Beziehung mit der Stille möglich ist.

*Gefühle, die wir von der Stille getrennt halten, führen zur Trennung der Persönlichkeit von der Seele. Gefühle, die von ihrem Lärm befreit sind, finden ganz natürlich heim in die Stille, wo das Leben und die Seele eng zusammenleben.*

Die Menschen, die uns verletzt haben, leiden auch unter ihrer Trennung von der Stille. Wir entdecken unser Mitgefühl für sie, wenn uns bewußt wird, daß auch sie litten, daß auch sie die Zärtlichkeiten der friedlichen Stille nicht spüren konnten und stattdessen andere verletzten. Mitgefühl mit uns selber und mit denen, die uns verletzt haben, ist ein unerläßlicher Schritt, um die Ganzheit der Stille wiederherzustellen. Wenn wir Mitgefühl mit uns und anderen haben, können wir uns allmählich von unseren schwierigsten Gefühlen zu einer neuen und reicheren Beziehung mit der Stille leiten lassen. Jeder trägt seine eigene Schmerzenslast. In dem Maße, wie wir diese Wunden heilen, finden wir zu einem ganz neuen Leben, einem Leben, in dem wir selbst die Verantwortung dafür übernehmen, die Heiligkeit unserer eigenen Stille zu leben und zu erhalten. Wenn der Schmerz geheilt wird, den wir von Generation zu Generation weitergegeben haben, sind die Muster des Schmerzes gebrochen. Unsere Therapie ist, den Weg in die Stille zu finden, der unser Sein wieder heilig macht. Ob durch Achtung, durch Zuhören, durch Hingabe oder Einfachheit — wir heilen unsere Wunden vollständig, wenn wir wieder ein Gefühl der Heiligkeit bekommen. Es ist die Gegenwart der Stille, die für das heilende Element der Liebe sorgt. Die Technologien, Theorien und Therapien, die wir heute zum Heilen zur Verfügung haben, sind unvollständig, wenn wir uns nicht bewußt darüber sind, wie wichtig die Stille ist und welche Rolle sie in der Heilung spielt.

*Das Kloster ohne Mauern ist der Ort, wo alte Verletzungen sich in Quellen heiliger Stille verwandeln, wo Schmerz zur Erde für die neuen Blumen des Klostergartens wird. Früher oder später heiligt das reine Leben der Stille den ungeheilten Lärm in jedem Gefühl.*

Trauer, Freude, Schmerz, Aufregung und jedes andere Gefühl haben einen Platz in der Stille. In dem Maße, wie wir lernen, unsere Gefühle nicht zu verbergen, nicht zu verleugnen, nicht als wichtiger oder unwichtiger hinzustellen, als sie sind, nehmen wir die Herausforderung an, sie zu jenem Raum der Stille in uns zu bringen, der sie vollkommen annimmt und heilt.

Wenn wir uns bei einem Streit zum Beispiel unsere Gefühle gegenseitig „an den Kopf werfen", belastet das eine längst überlastete Situation noch mehr. Unsere Gefühle einfach nur auszudrücken oder sie intellektuell zu verstehen, heißt nicht unbedingt, sie anzunehmen und zu achten. Wenn wir unsere Gefühle mit jemandem teilen können, der bereit ist zuzuhören, kann die Stille in beiden der Heiler sein. Bis dahin können wir lernen, mit ihnen zu sein und sie anzunehmen, so, wie die Gegenwart der Stille uns annimmt. Die Stille kann unsere Gefühle wirklich in sich aufnehmen, ohne irgend jemandem unrecht zu geben oder ihn ins Zwielicht zu rücken. Unsere Ganzheit ist davon abhängig, wie sehr wir der Stille unsere Gefühle anvertrauen und die Stille einladen, sich um uns zu kümmern.

Die Heiligkeit des Lebens lädt uns ein, auf jedes Gefühl zu hören und es gebührend zu achten und anzunehmen. Unsere Gefühle zeigen uns vielleicht die unerforschten Wege zu unserem inneren Leben in der Stille. Jedes Gefühl kann zu einer neuen Erfahrung in den stillen Räumen führen. Die Tiefen unserer Gefühle bringen uns in neue Tiefen des Seins. Das Ausmaß unserer Gefühle zeigt uns vielleicht, in welchem Ausmaß wir Teile unserer selbst und die der anderen nicht angenommen haben. Wir können unseren Gefühlen nie genug vertrauen. Selbst Wut und Haß sind keine Feinde, denen man besser aus dem Wege geht. Sie enthalten die Kraft und Energie, die wir bislang noch nicht harmonisch in unser Wesen einfügen konnten.

Wut und Haß bedürfen unserer ganz besonderen Aufmerksamkeit, damit wir ihre Energie aufnehmen, Frieden mit ihnen schließen und unser Herz in der einfachen Stille dann wiederfinden können.

*In der Stille liegt das Verständnis, in dem jedes Gefühl seinen Sinn findet. Jede Schärfe, jede Feinheit, jede Kraft eines Gefühls hat ihren Platz, wo sie hingehört und aufgenommen wird. Jedes Gefühl gibt uns Gelegenheit, ihm zuzuhören und dadurch ein Stückchen mehr dahin zu kommen, wohin wir wirklich wollen: in das Herz der Stille. Wenn wir unsere Gefühle in die Stille bringen, erleben wir, wie unser ganzes Wesen angenommen wird. In der Unendlichkeit sind unsere Gefühle einfach Energie, Lebenskraft, die die Stille für ihre Zwecke einsetzt. Wenn wir unseren Gefühlen folgen und sie als Weg zur Einheit nutzen, kehren wir mit jedem Gefühl, das wir liebevoll annehmen, „heim".*

Langeweile, Wut, Trauer, Freude — jedes Gefühl, das wir einfach so annehmen, wie es ist, führt uns zu einem neuen Wissen von der Stille. Langeweile schafft eine Pause, so daß die Stille hereinbrechen und uns mit neuem Wunder erfrischen kann. Wut ist nur eine verborgene Tasche voller Energie, eine Enttäuschung, die der stille Raum in uns aufnehmen und heilen kann. Trauer kann einfach der Ruf danach sein, wieder die Liebe in der Stille zu suchen, damit uns die Aufmerksamkeit zukommt, die wir wirklich brauchen. Und Freude, vollkommene Freude, ist die geistige Vereinigung, in der die große Stille uns und das ganze Universum in ihre Arme nimmt.

*Jedes Gefühl, das wir verleugnen oder verdrängen, ist eine verlorene Gelegenheit für die Stille. Gefühle, die wir nicht beachten, schränken die große Liebe der Stille ein, die für uns da ist. Jedes Gefühl birgt in sich Stille, die darauf wartet, daß wir sie entdecken und uns an ihr freuen.*

## Glück

Wenn es ein Gefühl gibt, in das alle anderen Gefühle einmünden, ein Gefühl, das voller und lebendiger wird, wenn alle anderen Gefühle angenommen werden, dann ist es das Glück.

Glück, die reine Freude des Herzens, findet man nicht zufällig. Glück erbt man nicht und bekommt es auch nicht ein für allemal; es ist nicht so, daß manche Menschen dazu bestimmt sind, es zu haben, und andere nicht. Glück, die Freude im Herzen, muß man immer wieder aufs neue empfangen. Es wird uns in der Stille geschenkt. Glück hängt nicht von unseren Lebensumständen ab. Es erwächst daraus, daß wir ihm im stillen Frieden, in unserem Leben voller Stille, unserem Kloster ohne Mauern, eine Heimstatt geben. Im Glück kommt das eigentliche Wesen der Stille zum Ausdruck, bereit, sich in jedes Wesen zu ergießen, das in seinem Leben dafür Raum läßt. Die Stille liebt das offene Herz, das bereit und gelassen genug ist, schlichtes Glück aufzunehmen. Während wir noch überlegen, was uns glücklich machen würde, ist die Stille schon da, bereit zu geben; sie braucht keinen Grund, um die vollkommene Freude mit uns zu teilen. Glück ist buchstäblich immer da, wenn wir in unserem Inneren einen friedlichen Raum bewahren, der nur dem Glück vorbehalten ist.

## Verlangen

Das Glück führt uns zu einem endlosen Strom des Verlangens. Wenn wir unser Verlangen spüren und befriedigen, kann das Leben ständig erfüllt und glücklich sein.

Manche Menschen glauben, um im Kloster der heiligen Stille zu leben, müsse man sein Verlangen aufgeben. Das ist nicht wahr. Es geht darum, unser *wahres* Verlangen zu finden. Der Mönch oder Mystiker verlangt besonders eindringlich nach dem Frieden und der Liebe in der Stille und nicht nach Kompromissen und Unglück. Das Problem ist nicht, daß unser Verlangen zu groß wäre, sondern daß wir zu viele Wünsche haben. Inwieweit sind unsere Wünsche, mehr Geld zu haben, Neues zu besitzen, etwas besonders Leckeres zu essen, Urlaub zu machen und so weiter, nur die Gedanken, die wir auf die Sehnsucht unseres Herzens nach Frieden und Stille projizieren? Wieviele unserer Wünsche sind bloß der Versuch unseres *Denkens,* unser Seelenbedürfnis nach der Reinheit und Fülle der Stille zu befriedigen? In all diesen kleinen Wünschen geht unser Hunger nach wahrer Liebe und Freude verloren. Je mehr wir versuchen, in den Dingen der Welt Befriedigung zu finden, desto weniger Verlangen bleibt für den einfachen Frieden, die einfache Ruhe.

*Laßt uns den Hunger unserer Seele so stark spüren, daß die Stille uns die reine Antwort geben muß. Laßt uns mit aller Kraft verlangen, daß wir unsere täglichen Bequemlichkeiten nicht mit der Liebe verwechseln, die ewig ist. Laßt unser Verlangen so heftig werden, daß, wenn nötig, jeder Knochen unseres Körpers zerbricht und die Stille kommt und uns in Süße aufhebt und davonträgt.*

Wir können einander den Mut geben, das große Verlangen zu spüren, wenn wir gemeinsam das Leben mit der reinen Stille als etwas Wichtiges anerkennen. Im Inneren vom Kloster des Lebens wartet die Stille darauf, daß wir sie mit der Aufmerksamkeit unserer Seele füllen. Es gibt kein Geschenk der Stille, das uns vorenthalten würde. Das einfache Leben hilft uns, den Unterschied zu erkennen zwischen echtem Frieden und den materiellen Annehmlichkeiten, die unsere Ängste nur lindern, nicht stillen. Das heißt nicht, daß wir die physischen Annehmlichkeiten und Freuden nicht genießen dürften! Wir beschränken unseren Durst und unsere Befriedigung nur nicht auf das, was wir haben oder haben wollen. Wir gestatten uns, nach mehr zu dürsten; uns verlangt nach einer Befriedigung, die bleibt, die aus dem Herzen der Stille kommt.

Verlangen ist nichts, wofür man sich schämen müßte, nichts, was man verleugnen oder ignorieren sollte. Durch unser Verlangen weiß die Stille, wie sie uns lieben kann. In der Reinheit unseres Verlangens kann die Stille am reinsten mit uns sein. Wenn wir nicht dürsteten, wie könnte die stille Gegenwart uns so tief erfüllen? Wir bekommen das, was wir uns wünschen, alle Objekte unseres Verlangens stehen uns zur Verfügung. Aber die Stille liebt die Seele, die den Mut hat, ohne Umschweife nach der Liebe zu verlangen, anstatt sich mit Ersatz zufriedenzugeben. Verlangen ist die Lebenslinie eines spirituellen Weges.

Menschen, die im traditionellen Kloster leben, verstecken sich allzuleicht vor den alltäglichen Wünschen; sie glauben, jene seien nichts wert. Im Kloster ohne Mauern sind wir allzuleicht nur mit unseren täglichen Wünschen beschäftigt, im Glauben, daß sie notwendig seien. Was ist unser wahres Verlangen, der Durst hinter unseren Wünschen? Sind wir bereit, das Verlangen unseres Herzens zu spüren? Das ist es, was die heilige Stille von uns fordert.

## Nacktheit

Die meisten von uns sind nicht bereit, sich ihrer tiefsten Sehnsucht zu öffnen, weil wir uns vor der Nacktheit fürchten, aus der sie kommt. Es scheint uns leichter, ein Leben voller Lärm und praktischer Kompromisse zu führen, als den reinen Weg zu suchen, den nur das reine Herz, das nackt und demütig ist, erkennen kann.

Auf dem Wege der Nacktheit tragen wir unsere Verletzlichkeit, in der wir die Freuden und Leiden, die Hoffnungen und Enttäuschungen des täglichen Lebens spüren, hin zum Ort der Stille. Wenn wir uns die Zeit nehmen, unsere Nacktheit zu billigen, und das zwanghafte Bedürfnis ablegen, uns zu bedecken, spüren wir, wie die Stille uns bedeckt. Wenn wir uns die Zeit nehmen, unsere menschliche Verletzlichkeit zu spüren, und aufhören, uns schützen zu wollen, wird uns bewußter, daß die Stille uns schützt. Der Weg der Nacktheit ist die tägliche Erfahrung, daß wir einfach nackt sind. Lebendig sein heißt sensibel und offen und manchmal sogar ängstlich sein. Wenn wir in Kontakt sind mit der Verletzlichkeit des Lebens, sind wir zugänglicher für die Ganzheit und Fürsorge der Stille.

Ganz gleich, wie viele Kleider wir anhaben, wieviel wir besitzen, wieviel wir wissen oder wie wichtig wir in den Augen anderer sind — wir stehen nackt vor dem Spiegel der Stille. Wir kommen nackt in die Welt und gehen nackt aus ihr hinaus.

Die einfache Gegenwart ist der stille Zeuge unseres ganzen Lebens. Die Gegenwart der Liebe in der Stille weiß, wer wir sind, auch wenn wir selbst es nicht begreifen. Diese Liebe hat schon jeden Teil von uns angenommen, den wir selbst erst noch akzeptieren müssen; sie liebt jeden Teil von uns, den wir selbst erst noch in die Arme schließen müssen. Die Ereignisse unseres Lebens sind entweder schwierig für uns oder leicht, je nachdem, wie entschlossen wir sind, unsere eigene Nacktheit anzunehmen.

Der Weg der Nacktheit verspricht, uns tiefer und immer tiefer in das vollkommene Einssein zu bringen, indem wir lernen, uns mit jedem Bedürfnis an die Stille zu wenden und zu vertrauen, daß sie uns in jeder Situation Trost schenkt. Deshalb hatten die großen Nonnen, Mönche, Heiligen und Mystiker so wenig weltliche Wünsche und Besitztümer. Ihre Sehnsucht nach der heiligen Stille war ihr erstes und letztes Bestreben, und die Gegenwart der Liebe bedeutete ihnen alles.

*Nachdem ich zehntausend Male gefragt habe: „Wer wird für mich sorgen?“, antwortete die Stille ganz einfach mit der Fürsorge, die ich jedesmal erfuhr, wenn ich sie fragte...*

## Verpflichtung

Wie schützen wir nun unsere Nacktheit? In der normalen Welt können wir eifrig zu Versammlungen und Verabredungen eilen, um unser Selbstgefühl aufzuwerten und der Realität unserer Nacktheit zu entfliehen. Das Kloster ohne Mauern lädt uns zur Liebe in der Stille ein, da gibt es weniger Versuchungen zur Flucht. Wir brauchen nirgendwohin zu gehen. Unsere Verpflichtung zur Stille ist das, was das Kloster zusammenschweißt und die Stille an unserer Seite hält.

Durch unsere Entschlossenheit ist unsere Nacktheit in Sinn gekleidet. Für jede Verletzlichkeit, für unsere Angst und Zartheit wird gesorgt, wenn wir uns entschieden haben, sie der Quelle der Liebe und Fürsorge zu übergeben, die in der vollkommenen Stille liegt.

Wir merken, wie sehr die Stille uns und allem Leben verpflichtet ist, wenn wir selbst fest zu unserer eigenen Verpflichtung stehen.

Die Verpflichtung, das Göttliche in der Stille zu erkennen, trennt uns keineswegs von unseren anderen Verpflichtungen. Wenn wir uns Menschen, Projekten oder Zielen hingeben, verpflichten wir uns gegenüber der Stille in ihnen. Wir halten unsere Verpflichtungen ein, weil die Stille in allem und in allen Menschen von uns abhängig ist. Als Teil der großen Harmonie wissen wir, daß wir nicht zu spät zu Verabredungen kommen sollen, aber keine Vorwände brauchen, wenn wir uns doch verspäten. So, wie die Stille uns achtet, achten wir die Worte und das Verhalten der anderen, im Wissen, daß sie aus ihrem Herzen der Stille kommen. Die stille Gegenwart in uns bittet uns, immer weniger Verpflichtungen einzugehen und stattdessen jedem Menschen mehr Liebe zu schenken.

Das Leben in der Stille hängt davon ab, daß jede Seele ihre Verpflichtungen achtet. Die Stärke unserer täglichen Verpflichtungen stärkt unsere Beziehung mit der Stille. Unsere täglichen Verpflichtungen sind vielleicht das, was die geistigen Mauern unseres Klosters aufrechterhält; sie können unser geistiges Rückgrat sein, der Eckstein für unser spirituelles Leben.

Die meisten von uns wollen nicht ins Kloster gehen, weil sie vor einer solchen Verpflichtung zurückschrecken. Dennoch erfordert unser Leben eine ebenso große Verpflichtung und genauso viel Aufmerksamkeit. Wenn wir durch unsere Beziehungen, unsere Arbeit und unser Leben voller Gebet zum Heiligen, also zum Bleibenden und Wahren, gelangen wollen, warum sollten wir dann irgendeinen Teil von uns zurückhalten? Warum sollten wir uns nicht zu einem Leben der goldenen Stille verpflichten?

## Frieden

Eine Verpflichtung fällt uns umso leichter, wenn wir uns der Früchte erfreuen, die die Wege in die Stille uns schenken. Jeder Weg bringt uns Frieden, eine Gleichgestimmtheit im Frieden, die uns Gewißheit gibt, daß wir uns nicht umsonst verpflichtet haben, daß sie uns dem reinen Herzen in der Stille immer näherbringt.

Wenn wir uns das friedliche Leben in einem Kloster vorstellen und unser eigenes spannungsreiches Leben daneben halten, dann scheinen die beiden unvereinbar zu sein. Wenn wir uns dem Frieden in der Stille verpflichten, kann das jedoch genau die Brücke sein zwischen dem, was wir für unser Leben erhoffen, und dem, wie es tatsächlich ist. Das traditionelle Kloster und das Kloster ohne Mauern scheinen verschiedenen Welten anzugehören; doch wenn wir uns den Frieden im Inneren eines Klosters vorstellen können, dann stehen wir bereits in einer Beziehung zu dem friedlichen Teil in uns. Wenn wir uns vorstellen können, wie es wäre, im Klostergarten zu leben und zu beten, kommen wir unserem eigenen inneren Garten näher. Die Verpflichtung macht den Unterschied zwischen dem Frieden, den wir nur gelegentlich spüren, und dem heiligen Frieden, der uns in die Stille bringt.

Klöster mit oder ohne Mauern sind keine Garantie für inneren Frieden. Viele Mönche und Nonnen haben im Kloster Obdach gefunden, ohne daß ihre Seelen bereit waren, sich dem Frieden zu stellen. Und viele Weltmenschen wurden schon von solch heiligem Frieden ergriffen, daß der Lärm des Lebens ihnen nichts mehr anhaben konnte.

Es gibt auch einen direkten Weg des Friedens in die Stille. Dieser Weg wartet nicht darauf, daß sich die Welt ändert, und beschränkt sich nicht auf die gelegentlichen Krisen, während der wir laut nach Frieden rufen. Der Weg des Friedens ist unsere tägliche Bemühung, in jede Beziehung und jede Situation den Frieden einzuladen. Bevor wir die Faust zum Schlag erheben, können wir den Frieden herbeibitten. Statt unsere Probleme den anderen aufzubürden, können wir den Frieden in der Stille bitten, uns unsere Ganzheit zurückzuschenken. Statt Widerstand zu leisten, uns Sorgen zu machen oder von unserem Wege abzuweichen, um eine schwierige Situation zu retten, können wir den Frieden bitten, uns augenblicklich beizustehen. Dieser Friede kann uns helfen, jede Situation und jedes Gefühl in unser Herz aufzunehmen.

*Friede ist das Gefühl, das keine Hindernisse kennt. Friede ist die Erfahrung, die unserem Dasein Kraft gibt und unser Leben doch auf so viele Weisen herausfordert. Friede ist der Urzustand der großen Stille. Wenn wir lernen, wie unendlich groß der Friede ist, strömt er herein gleich einem Strom von Licht. Wenn wir nicht wissen, wie wir ihn empfangen sollen, kann es so aussehen, als bräche der Friede über unser Leben herein, als stieße er unser Leben und alle Mauern, die wir gegen ihn aufgetürmt haben, einfach um. Friede kann ganz sanft sein, wie Wellen, die an die Küste schwappen. Doch ebenso furchterregend kann er sein am Anfang, wenn seine Allmacht über uns gerät und uns bewußt macht, wie weit wir von der Gegenwart der Stille entfernt waren. Wahrer Friede kann in unserem Leben alles das in Frage stellen, was nicht friedlich ist.*

Wenn Friede unsere Sehnsucht ist, haben wir früher oder später keine andere Wahl, als mit allen Menschen in jedem Teile unseres Lebens Frieden zu schließen. Das ist der Friede, aus dem das einfache Leben erwächst, das rein und wahr ist. Es bringt uns zu der Leichtigkeit des Friedens, die so sehr Teil der heiligen Stille ist. Einfach den Frieden in unsere Beziehungen, in unsere Arbeit und unser Zuhause einzuladen, kann eine große Wirkung auf uns haben. Wenn wir uns in unserem Leben dem Frieden verpflichten, dann ist das ein wahrhaft mutiger Akt, der echte Demut erfordert. In unserem Entschluß zum Frieden unterstützen uns ganze Welten des Friedens in der unendlichen Stille.

*Das Kloster ohne Mauern fordert uns auf, Frieden zu üben, statt uns über den Mangel an Frieden zu beklagen. Der Weg zum Frieden in der Stille ist sehr direkt. Wir müssen achtsam sein, um zu spüren, wenn er kommt. Dann können wir uns ihm ergeben und ihn durch uns hindurchgehen lassen. Wir sind aufgefordert, unsere eigene Wichtigkeit aufzugeben und zu spüren, wie der Friede uns trägt. Und wenn wir Angst haben, im unendlichen Körper des Friedens zu verschwinden, können wir unserer Bedeutungslosigkeit direkt ins Auge sehen und spüren, wie der Friede uns hilft. Der Friede ist für einen Menschen, der ein Leben in der Gegenwart des Friedens führen möchte, sehr süß und menschlich.*

Wenn wir den Weg des Friedens in die Stille gehen, merken wir vielleicht, daß wir weniger essen, weniger schlafen und weniger geschäftig sind. Wenn wir Frieden haben, brauchen wir weniger, weil der Friede uns so viel schenkt. Im Frieden stehen wir Auge in Auge der grenzenlosen Liebe gegenüber.

## Liebe

Liebe und Frieden sind wie Blumen, die aus ein- und derselben Erde wachsen. Liebe schließt den wunderbaren Frieden in sich ein, und Frieden öffnet uns für die Liebe. Die Liebe, die den Frieden einbezieht, sagt uns, daß wir ewige Liebe gefunden haben, heilige Liebe.

So oft sehnen wir uns nach Liebe und klagen darüber, daß es so wenig davon zu geben scheint. So vieles im Leben rankt sich um unser Bedürfnis nach Liebe, aber die wichtigste Quelle, die Liebe in der Stille, wird so wenig beachtet. Liebe ist so wichtig, und doch wissen wir so wenig, wie wir die wahren Tore der Liebe öffnen können. Wenn wir sie von einem Partner oder einem Projekt erwarten, ist es kein Wunder, daß wir schließlich enttäuscht werden. Denn wer oder was sollte uns die Liebe in der Stille geben können, wenn nicht die Reinheit der Stille selbst? Bestenfalls können unsere Partner und Projekte uns liebevoll darin unterstützen, die große Liebe, das Intime Wesen zu suchen, das uns in unserer Beziehung mit der reinen Stille enthüllt wird.

Es gibt nur eine Liebe, die groß genug, weit genug und wertvoll genug ist, daß es sich lohnt, unser ganzes Leben von ihr zu träumen, uns voll für sie zu öffnen, ihr nachzulaufen, uns für sie zum Narren zu machen und alles für sie aufs Spiel zu setzen: das ist die göttliche Liebe in der Stille.

Heilige, alte und moderne, erkennt man daran, wie unendlich liebevoll sie sein können. Ihre Gesichter sind in allen Bereichen des Lebens, wo immer sie leben und arbeiten, von der Gegenwart der Liebe erfüllt. Sie haben die größte Lektion der Liebe gelernt, nämlich die Liebe nicht auf eine Quelle zu beschränken. Ihr Leben ist ein Vorbild der Offenheit für die Liebe, die auf großen oder kleinen Wegen zu ihnen kommt. Das ist das zentrale Mysterium des Klosters ohne Mauern: daß das ganz gewöhnliche Leben ein unermeßlicher Reichtum an Liebe sein kann. Je mehr wir im Leben nach Liebe streben, umso mehr Gelegenheiten dafür entdecken wir. Die gewöhnlichsten Dinge — ein Vertreter, der an die Tür kommt, ein Abendspaziergang im Viertel oder der Wind, der durch die Bäume geht — können uns für die größte Gegenwart der Liebe öffnen. Der Mönch oder Mystiker in uns ist es, der unsere Grenzen auflöst und uns die vielen Augenblicke der Liebe entdecken läßt.

Das Leben in einem Kloster kann uns genau so einschränken wie das Leben an irgendeinem anderen Ort, wenn die Mönche oder Nonnen nicht ständig bereit sind, eine neue Beziehung zu der friedlichen Liebe in der Stille zu finden. Unser scheinbarer Mangel an Liebe kommt daher, daß wir all die Liebe, die mit uns ist, nicht zu schätzen wissen. Liebe kommt zu uns, wenn wir uns ihrer Gegenwart bewußt sind. Es gibt so viele Geschenke des Augenblicks, die nur unserer Aufmerksamkeit bedürfen. Wenn wir offen sind für die Gegenwart der Liebe, öffnen sich die ganz gewöhnlichen Augenblicke dem Göttlichen, der verwandelnden Macht der Liebe. Wenn wir bereit sind, offen und nackt zu sein, schleicht die stille Liebe sich in uns ein.

*Liebe läßt Kraft, die nicht* wahr *ist, in sich zusammenfallen, sie hält das Kleine und Schöne hoch und preist überall in allen Wesen sich selbst.*

*Liebe in ihrer Reinheit entschleiert eine Seele, bis alle Angst zutage tritt. Dann hüllt sie uns ein, so sanft und weich wie Schnee.*

*Liebe in ihrer Einfachheit zeigt uns, daß all unsere Geschäftigkeit nirgendwohin führt, weil wir nirgendwo sein können als in der Liebe. Dann schenkt sie uns in ihrer Heiligkeit, was wir uns je gewünscht, unmittelbar aus der Stille.*

Wir sind aufgefordert, den Unterschied zwischen der heiligen Liebe und den sentimentalen Bindungen zu erkennen, in denen wir Sicherheit suchen, den Unterschied zwischen der Liebe, die unsere Ganzheit bestätigt, und der Liebe, die sich anklammert, damit wir uns in Ordnung fühlen. Es gibt eine Liebe, die macht uns mitfühlend, ehrlich und gebend. Und es gibt emotionale Bedürfnisse — wir nennen sie Liebe! — die uns angesichts der Möglichkeiten der Liebe erregen, uns jedoch abhängig und unglücklich machen. Während wir auf der Jagd nach romantischen Beziehungen sind, uns mit ihnen herumschlagen, an sie glauben und unseren Glauben wieder verlieren, ist die große Liebe immer mit uns und bittet um Einlaß.

Wir können unsere Sehnsucht spüren, all den Glauben, den wir über die Jahre hinweg an falscher Stelle investiert haben, wieder einzusammeln und ihn der Liebe, der Stille, zu Füßen zu legen. Das stille Leben nimmt alles an, was wir ihm darbringen, jede Sehnsucht, jedes Gefühl, jeden Wunsch, ohne sich jemals abzuwenden. Im Herzen der Stille liegt die einzige Liebe, die wahr und treu genug ist, um sich auf sie zu verlassen; das ist die große Ruhe in unserem Inneren. Das ist die Liebe, die uns über alles hinausträgt, was wir uns je unter Liebe vorgestellt haben.

Wenn wir uns dieser Liebe hingeben, hören wir sie fragen, wieviel von ihr anzunehmen wir bereit sind. Das ist die Frage, die uns immer wieder, in jeder Jahreszeit unseres Lebens, herausfordert. So, wie das

Leben in der Welt überzeugt ist, daß der tägliche Kampf zur Welt gehört, so stößt das Leben im Kloster ohne Mauern an die Grenzen, die wir selbst dagegen aufrichten, alles anzunehmen, was uns geschenkt wird. Eine Seele, die der Stille hingegeben ist, wagt alles für jene Liebe, die uns mit der wahren geistigen Heimat vereint.

## Dankbarkeit

Wenn wir die göttliche Liebe kennen, die Wurzel der Seele, entdecken wir eine Quelle der Dankbarkeit in unserem Innern. Dankbarkeit gehört untrennbar zur Liebe in der Stille. Wenn wir jeden Tag viele Male danken, werden die kleinen Augenblicke noch süßer, so, als ob die Blumen im Klostergarten noch süßer dufteten. Unsere tägliche spirituelle Praxis gleicht den Steinen und dem Mörtel des Klosters ohne Mauern. Und unsere inneren Mauern werden zu einer unsichtbaren Festung, wenn sie aus Dankbarkeit und Liebe erbaut sind. Der Weg der Dankbarkeit stärkt die Gegenwart der Stille in uns und in der Welt.

*Es heißt, daß ein Mensch, der niemals meditiert, niemals betet und nicht einmal an die unendliche Stille als der Heimstatt Gottes glaubt, dennoch alle Wohltaten der großen Gegenwart erntet, wenn er ehrlich und voller Dankbarkeit lebt.*

Dankbarkeit aus der Tiefe unseres Herzens berührt jeden Winkel der großen Stille. Dankbarkeit für die kleinen Geschenke des Tages häuft in der Stille und auch physisch ungeheuren Segen auf, läßt uns die kleinen Geschenke des Lebens freudig erkennen. Wir spüren die kleinen Freuden inmitten unserer Schwierigkeiten. Der Weg der Dankbarkeit kann uns helfen, mit den Geschenken des Lebens in Kontakt zu bleiben. In dem Maße, wie wir im Augenblick leben und uns daran freuen und dadurch wach und aufmerksam werden, wächst die Dankbarkeit ganz natürlich in unseren Herzen. In guten Zeiten wird sie umso tiefer. Und in harten Zeiten hält sie unser Herz für die besseren Tage bereit.

Der Weg der Dankbarkeit umfaßt auch den Dank für unsere

Niederlagen, Fehler und Schmerzen, wenn wir dadurch neue Einsichten gewinnen, Freundschaften erneuern oder zu belebenden Veränderungen gedrängt werden. Dankbarkeit kann auch bedeuten, für unsere Prüfungen zu danken, für unsere Unzulänglickeit und Hoffnungslosigkeit, weil sie uns dazu bringen, das Leben tiefer zu erforschen. Unsere Herausforderungen tragen uns über die gewohnten Grenzen hinaus, wo wir entdecken, daß unser Leben nicht „unser" Leben, sondern auf unerklärliche Weise in einen größeren Willen eingewoben ist, in den Willen der Liebe, den Willen des lautlosen Wunders. In der Stille gibt es immer einen Grund zur Dankbarkeit. Wir können für eine Krankheit danken, die uns auf den Weg zurückstößt, von dem wir abgewichen sind. Wir können für Schwierigkeiten mit unseren Partnern danken, die uns auf unsere Härte, auf die dunklen Stellen in uns und auf die Mauern aufmerksam machen, die wir gegen die Liebe errichtet haben. Wir können für jede Krise dankbar sein, die uns, wenn wir um Hilfe bitten, dem göttlichen Herzen in der Stille näherbringt. Dankbarkeit für den Weg unseres Lebens kann uns, wo immer wir gerade stehen, die Ruhe der Stille schenken. Auf dem Weg der Dankbarkeit entdecken wir unser ganzen Wesen, denn wir verachten oder vermeiden keine neue Erfahrung. Jeder Tag ist Teil des Weges der Dankbarkeit.

Dankbarkeit ist mehr, als einfach nur das Leben anzunehmen, wie es ist; es bedeutet, daß wir aktiv dankbar sind, daß wir uns die Zeit nehmen, unser Leben zu spüren und anzuerkennen, wie gut es ist. Dankbarkeit kann uns gesund machen, kann uns bereichern, wenn wir arm sind, beglücken, wenn wir Kummer haben. Auch in schweren Zeiten können wir dankbar sein, wenn wir es uns zur Gewohnheit machen, Ausschau nach etwas zu halten, für das wir danken können. Dankbarkeit läßt uns sofort Abstand von unseren Schwierigkeiten gewinnen. Ein Leben der Dankbarkeit lehrt uns, daß wir nicht allein sind, daß unser Leben Teil der Liebe des wunderbaren Einen ist. Dankbarkeit, das einfache Gefühl der Wertschätzung, stellt einen inneren Frieden wieder her, der uns zur Ursache von immer mehr Dankbarkeit wird.

## Das Kloster

Jedes Kloster ist ein geheiligter Ort, um die Stille zu erforschen und zu erleben. Achtung, Hingabe, Einfachheit, Nacktheit — alle diese Wege führen zu der einfachen Gegenwart, die die Liebe bringt. Das Kloster ohne Mauern ist frei von Tradition und daher vielleicht offener für neue Wege in die Stille. Unterdessen erinnert uns das traditionelle Kloster daran, daß kein Weg vollständig ist, den wir nicht bis zum Ende gehen. Ohne unsere stille Verpflichtung meinen wir allzuleicht, einen neuen Weg voller Möglichkeiten gefunden zu haben wenn wir bloß den Steinen und Kurven aus dem Wege gehen, die gerade vor uns liegen. Wir lassen uns so leicht ablenken, wenn wir nicht eine eigene spirituelle Disziplin finden, aus der heraus wir leben.

Unser heiliges Selbst bedarf nur geringer Unterstützung. Unsere Suche nach der Stille, unser Beten und unsere Meditationen leiten uns und zeigen uns den Weg. Täglich unsere Gefühle in die Stille zu bringen, uns unserer Nacktheit und Verpflichtung bewußt zu werden, ist schon Unterstützung genug. Diese Praxis hält uns buchstäblich in Verbindung mit der Stille. Vielleicht hält uns auch unsere stille Sehnsucht nach einem heiligen Leben auf unserem Weg. In dem Maße, wie wir uns ganz und gar verpflichten, ist der Begleiter, der, wohin wir auch gehen, an unserer Seite ist, unser Begleiter in der Stille. Das Kloster ohne Mauern ist der Ort, wo all die verschiedenen Wege in das Herz der liebenden Stille führen. Hier hat das Leben keine Mauern außer denen, die wir beibehalten, bis wir bereit sind, uns des überwältigenden Friedens und der unsäglichen Liebe bewußt zu werden.

KAPITEL SECHS

# Das Kloster ohne Mauern

*Wo wir der Stille begegnen, reiben wir uns an unserem innersten Selbst und merken, daß uns Gott berührt...*

Was ist es genau, das uns am Klosterleben so anzieht? Was ist es, das so viele Menschen anspricht, selbst wenn sie organisierter Religion kritisch gegenüberstehen? Es ist sicherlich mehr als nur der Wunsch, sich von den gewöhnlichen Frustrationen des Lebens zu befreien. Schließlich kann man ja Urlaub nehmen, wenn einem die täglichen Spannungen zuviel werden. Zieht das Kloster uns an, weil es eine Fluchtmöglichkeit vor den Belastungen und der Alltagsroutine des Lebens bietet? Es muß einen leichteren Weg geben, dem Streß des modernen Lebens zu entkommen. Sind es nur sentimentale Gefühle, die unsere Faszination vom Klosterleben ausmachen? Oder ist die Sehnsucht nach der heiligen Atmosphäre des Klosters der Ausdruck eines unbefriedigten Bedürfnisses unserer Seele nach Liebe, nach spiritueller Liebe, die nur tiefes Gebet und Meditation uns schenken können? Was ist so Besonderes am Klosterleben? Gewiß sind nicht die Reglementierungen, die soziale und sexuelle Isolation und der Verlust persönlicher Identität der Mönche und Nonnen so anziehend für uns. Das sind eher die Dinge, die die meisten Menschen abschrecken und sie nach etwas anderem Ausschau halten lassen. Manche Menschen spüren jedoch ein überwältigendes Verlangen, in Gottes Arme zu laufen, wissen aber nicht, wohin sie gehen sollen. Sie spüren einen ständigen Ruf. Praktisch wissen sie, daß sie nicht als Mönch oder Nonne leben könnten, aber dennoch ist ihr Herz weit offen und sucht die Erfahrung des Heiligen. Was bringt uns auf den Gedanken, daß in uns ein Mönch oder eine Nonne steckt? Was sagt uns, daß wir einerseits ganz normale Menschen sind, andererseits aber Mystiker, die in einem Kloster ohne Mauern leben?

## Der Klostergarten

Im Zentrum vieler traditioneller Klöster liegt der Klostergarten. Typisch für die christlichen Klöster des Westens ist der friedliche Hof mit Beeten und Töpfen voller Blumen, umgeben von altem Gemäuer. Viele buddhistische Klöster im Osten haben den Meditationsgarten mit Felsen und Kies, den *Ryoan-ji.* In ihren Klostergärten wandeln, meditieren, beten und reflektieren die Mönche und Nonnen, während die stille Vollkommenheit der Blumen und der Natur zu allen Jahreszeiten von der Vollkommenheit des Lebens kündet. Der Frieden dieser Klostergärten ist mit dem himmlischen Frieden vergleichbar oder vielleicht auch umgekehrt der Himmelsfriede mit dem Frieden dieser Gärten. Für manche Menschen ist der Klostergarten vielleicht der einzige Ort, wo Himmel und Erde nicht zu unterscheiden sind. Hier sind über die Jahrhunderte hinweg Natur, Ruhe und Anbetung heilig gehalten, geehrt und geliebt worden. Man sagt, die Engel beschützen diese Gärten, und alles Heilige in der Stille hegt und pflegt sie. Für die geschäftigen Mönche und Nonnen ist der Klostergarten der Ort der Stille, in die sie sich immer wieder zurückziehen können. Die Abgeschiedenheit dieser Gärten scheint die Gefühle Gottes zu enthalten. Jedem Menschen, der bereit ist, innezuhalten und die friedvolle Gegenwart zu spüren, kann es geschehen, daß ihm Tränen in die Augen treten, die nicht nur die seinen sind, sondern von Gott!

*In der Stille des Klostergartens ist ein Mensch mehr als ein menschliches Wesen — denn er nimmt die feinen Schwingen des Lichtes in sich auf. Die Natur ist mehr als Natur — sie schwingt mit der Essenz des Lebens. Menschen und Pflanzen nehmen die Lichtqualität an, die ihnen wirklich eigen ist. Im Inneren der süßen Harmonie des Klostergartens leben alle Wesen, die ungeborenen und jene, die bereits gelebt haben. Im Inneren der heiligen Stille ist das kollektive Wesen: Weisheit, Freude und Liebe, die aus den Herzen aller Wesen befreit und gerettet sind. Und all dies ist nur ein kleiner Teil des unendlichen Wesens Gottes im Klostergarten.*

*All die Gebete und Meditationen, die Teil des Klostergartens sind, sind durch die Geschichte hindurch auch Teil der Sehnsucht nach einem ganz und gar gesegneten und heiligen Leben.*

*Jeder Morgen, den wir im Klostergarten beginnen, ist ein neuer Tag, begonnen im strahlenden Lichte der Stille. Und jeder Abend zwischen den stillen Blumen beendet einen weiteren Tag in den Armen der Stille.*

Unsere Seele, das Mystische in uns, ist davon abhängig, daß der Klostergarten im Mittelpunkt unseres Lebens steht. Er ist ein Zufluchtsort, wo wir unser Bewußtsein vom Wunder des Lebens entwickeln können. Der Klostergarten ist ein Ort reiner Stille, wo die ruhige Ganzheit in uns sich selbst begegnen, wo sie sein und Ruhe finden kann. In diesem Garten ist die Liebe der Stille überall zu Hause. Alle Wesen, die sich in ihrem Herzen einen Klostergarten schaffen, gewinnen an innerem Frieden und geben der Stille einen sicheren Zufluchtsort. Solche Orte sind selten in unserer geräuschvollen Zeit voll verhärteter Ansichten und Leidenschaften, die sich nicht verpflichten und unterordnen wollen, um die Früchte der lautlosen Welt kennenzulernen.

Das Kloster ohne Mauern ist von dem Frieden eines solchen Gartens abhängig. Wir haben vielleicht kein altes Gemäuer und keinen blumenumrankten Brunnen, aber der Mönch oder Mystiker in uns braucht einen geschützten Ort, einen eigenen umfriedeten Platz, der heiliggehalten wird. Vielleicht noch mehr als gewöhnliche Mönche und Nonnen brauchen wir einen Platz, der gut abgegrenzt, gepflegt und rein gehalten wird. Um vollkommene Stille im Herzen haben zu können, muß etwas in unserem Leben den Frieden und die Schönheit widerspiegeln, für die wir leben. Wir brauchen einen Ort, wo die zarten Anfänge unseres Bewußtseins von der Stille gepflanzt, bewässert und durch unser Gebet zur Reife gebracht werden können. Bevor das geistige Leben die Wendeltreppe in höhere Bereiche emporsteigen kann, brauchen wir einen Platz zum Wurzelnschlagen.

Unsere spirituelle Praxis ruft uns jeden Tag dazu auf, eine Zeit im Klostergarten unseres Herzens zu verbringen, und das gibt allem, was wir tun, einen Sinn. Wenn Heiligkeit mehr sein soll als eine romantische Idee, müssen wir uns unserer Beziehung zur Erde, zum Himmel in uns und zu jedem Wesen um uns bewußt werden. Wir dienen der stillen Gegenwart überall um uns her, wenn wir einen Platz in uns schaffen, wo das Heilige ein Zuhause finden kann.

## Der Altar

Alle Orte der Anbetung haben einen Altar, wo die Stille das Heilige für jene Menschen bereithält, die zu ihr kommen. Für die Katholiken wird am Altar gewöhnliches Brot und Wein in den Körper und das Blut Christi verwandelt. Im Buddhismus stellt die Pagode den physischen und symbolischen Orientierungspunkt für alles Sichtbare und Unsichtbare dar. Auf dem hinduistischen Altar werden Reis, Früchte und Nüsse und andere Speisen zum heiligen Sakrament. An jedem Altar werden Worte, die wir in vollem Bewußtsein sprechen, zum Gebet. Durch unsere Ernsthaftigkeit werden einfache Handlungen zu Ritualen voller Bedeutung, zu Einblicken in das Wirken des Göttlichen. Viele Menschen stehen der modernen Religion kritisch gegenüber, weil sie den Altar auf einen steinernen Tisch in einem steinernen Gebäude reduziert hat und die anderen Orte, die auch heilig sind, aus unserem Leben ausklammert. Manche Menschen glauben, daß unsere Welt, die so gefährlich im Ungleichgewicht ist, dadurch entstanden ist, daß die Religionen um die Altäre herum nicht mehr die nötige Liebe und Stille schaffen konnten. Sie fordern eine weibliche Vorstellung von Gott, weibliche Priester, Ehepaare, Familie, Kinder, andere Rituale, Natur, Tanz und geistliche Musik um den Altar herum, um der Welt die Ganzheit zu bringen, nach der sie ruft.

Vielleicht liegt das Problem jedoch nicht so sehr in der Form unserer Gottesdienste und unserer Annäherung an das Heilige, sondern darin, daß wir überhaupt zu wenig anbeten, daß wir zu wenig Altäre haben. Wir sind dafür verantwortlich, daß wir den Zugang zu Gott auf Formen beschränken, die sich trocken und leer anfühlen. So rar wie die Stille sind auch die Altäre, die Orte, wo wir eine Beziehung zur Heiligkeit des Lebens entwickeln. In den meisten Religionen heute haben die Menschen wenig Gelegenheit, selbst mitzuwirken. Die Menschen wissen nicht, wie sie ihre Energie konzentrieren und ihr Bewußtsein entwickeln können, um sich für die Segnungen am Altar zu öffnen. Viele Menschen wenden sich von der Religion ihrer Eltern ab, weil es zu wenig Bewegung gibt, weil die fünf Sinne nicht beteiligt sind, weil ihre Seele davon nicht berührt wird. Das Kloster ohne Mauern umfaßt viele Menschen, die keine besondere spirituelle Heimat haben, aber ein tiefes Verlangen, die Gegenwart des Altars in ihrem Leben zu spüren. So, wie wir Angehörige aller Religionen oder Religionslose einschließen, sollten wir einander auch umarmen, um Vergebung und Mitgefühl für die Fehler zu finden, die wir an den Altären unserer Kindheit bemerkten. Heute können wir mit einem neuen Bewußtsein zurückgehen und die Wahrheit finden, die von dem ungeheiligten Lärm der Kirche unserer Kindheit überdeckt war.

Unterdessen machen die Altäre die stille Gegenwart für uns real, ob sich unser Altar nun in der Kirche befindet, ob er eine Vase mit Blumen oder eine Kerze in einem unserer Zimmer ist, eine besondere Gegend, die wir auf unserem Weg zur Arbeit sehen, oder ob es ein entlegener heiliger Ort ist, von dem wir lediglich wissen, daß es ihn gibt. Durch unseren Altar werden wir mit der stillen Gegenwart vertraut und können sie leichter in uns festhalten. Jedes Kloster, ob mit oder ohne Mauern, braucht einen Altar.

Wenn wir uns zu Hause einen persönlichen Altar einrichten, kann das zu einer ständigen Quelle geistigen Ausdrucks und spiritueller Erfahrung für uns werden. Auf unseren persönlichen Altar können wir Bilder und Statuen stellen, die uns etwas bedeuten. Hier können wir unsere Beziehung zur Stille entwickeln. Jeder Altar fühlt sich anders an, je nachdem, was wir physisch und geistig zu ihm bringen. Hier wird die physische Welt zu einer Einladung für den Geist. Ein Altar lädt die vollkommene Gegenwart ein, Einfluß auf unser Leben zu nehmen. Einen Altar zu unterhalten, hilft uns einfach, uns auch in den anderen Stunden des Tages der Stille bewußt zu sein. Wenn wir in einem Bereich unseres Lebens den friedlichen Klostergarten eingerichtet haben, unseren persönlichen Altar, werden wir empfindsam für den stillen Altar um uns und in unserem Inneren. Unsere Beziehung zum Altar wächst, wenn wir immer mehr von uns und unserem Leben zu ihm bringen.

*Die Abwesenheit der Stille führt zu einer Art Verschmutzung. Der Raum, der dem Heiligen geweiht sein sollte, wird von anderen Aktivitäten erfüllt, verdorben, ganz allmählich ruiniert. Wenn dieser Raum einmal verschwunden ist, fällt es schwer, ihn zurückzuerhalten. Wir können nicht messen, wie sehr das Heilige aus unserem Leben verschwunden ist, aber wenn wir es wieder zurückfordern, können wir rasch eine Veränderung der Lebensqualität spüren.*

*Ob wieder Stille in die Welt kommt, hängt vielleicht davon ab, ob es wieder Altäre im gewöhnlichen Leben der Menschen gibt, in Wohnzimmern, in Heilungs- und Erholungsräumen. In dem Maße, wie wir wieder entdecken, wie wichtig die Stille ist, werden wir Altäre bauen wollen, die der lautlosen Gegenwart ein Zuhause geben.*

Die traditionelle Kirche bewahrt einen Platz, wo das Herz ergriffen werden kann. Man stelle sich vor, wie es wäre, wenn wir in unserer Wohnung und an anderen Orten unseres Lebens Plätze hätten, die der Liebe in der Stille vorbehalten sind. Das würde das Kloster zu einem weniger isolierten Heiligtum machen, zu einem Ort, der für die Welt besser erreichbar wäre. So, wie das tägliche Leben von einer Tätigkeit in einem Raum in einen anderen fließt, kann das Leben auch von einem Altar zum anderen fließen, von einem Augenblick des Friedens und der Schönheit zu dem nächsten.

In manchen Kulturen bauen die Menschen überall Altäre. Die Balinesen zum Beispiel stellen Altäre vor Banken auf, auf abgelegenen Feldern, an Flußufern und morgens vor den Türen der Hotelzimmer. Sie hinterlassen eine Blume und ein paar Blätter, um alle daran zu erinnern, daß Gott allgegenwärtig ist. Trotz des Drucks der Modernisierung bleibt Bali eine Insel in einer anderen Welt, einer Welt voller Leben mit der Gegenwart der Stille. In allen Teilen der Welt kämpfen Menschen darum, die Heiligkeit ihrer Traditionen aufrechtzuerhalten, die durch das moderne Leben bedroht sind. Wir alle sind aufgefordert, an dem Altar, der unser inneres Leben zum Ausdruck bringt, unsere Energien wieder an uns zu nehmen, zu beleben und zu sammeln.

## Das innere Leben

An jedem Altar bewahrt die Stille den Raum für uns, wo wir uns in Sicherheit unserem inneren Leben öffnen können. Ein Altar besteht aus Liebe und Hingabe. Diese Liebe und Hingabe ist eine Weichheit, die unser inneres Wesen und alles, was wir ihr bringen, willkommen heißt. Die Einheit, die dort gegenwärtig ist, ist nicht neutral, nicht leer, sondern von der Liebe und Hingabe erfüllt, die wir in den Altar legen. Am Altar können wir der Hingabe begegnen, die an jedem Altar zu finden ist, denn menschliche und göttliche Liebe sind nicht durch Zeit und Raum getrennt. Jeder Altar ist ein Fenster in die Gegenwart Gottes. Die Liebe und die Achtung, die wir in den Altar legen, geben diesem Ausblick aus der gewöhnlichen Realität in die Dimensionen der Stille Wirklichkeit. Hier ist jeder unserer Augenblicke angenommen und in seiner Reinheit bewahrt. Unsere Ängste und unsere Gefühle der Trennung haben keinen anderen Ort, wo sie empfangen und angenommen und in Frieden verwandelt werden können. Jedesmal, wenn wir einen Teil von uns zum Altar bringen, kommen unsere Gefühle und Zweifel wieder in Einklang mit der stillen Gegenwart des Altars, und das heilige Leben in uns wird bestärkt.

Unser inneres Leben besteht aus denselben Jahreszeiten, an die alle Geschöpfe gebunden sind. Die Winternacht, die Wiedergeburt des Frühlings, die Freude des Sommers und die Hingabe des Herbstes sind Teil unserer eigenen inneren Jahreszeiten. Die Jahreszeiten unseres inneren Lebens laden uns ein, sie zu erforschen und schätzen zu lernen. Wenn wir akzeptieren, daß wir wie die Natur innere Jahreszeiten haben, kann unser inneres Leben Knospen schlagen und blühen, welken und im Schlummer liegen, um dann aufs neue geboren zu werden. Nicht nur die Jahreszeiten, auch die Elemente, Feuer, Wasser, Luft und Erde, bringen alles in uns in Bewegung, genau wie in der Natur. Jeder von uns hat schon einmal Feuer gemacht und in die Flammen geschaut oder am Ufer eines Sees oder Meeres gesessen. Wir kennen die besonderen Augenblicke in der Natur, wo wir vielleicht die grüne Erde gespürt oder in den weiten Himmel geschaut haben und die Luft fühlten. Unsere Verbindung zu den Elementen ist unsere Verbindung zum Altar des Lebens und zu der Gegenwart, die uns trägt und nährt. Wenn wir unseren eigenen Klostergarten und unseren eigenen Altar haben, bekommen wir ein neues Gespür für die Elemente, die in unserem Wesen lebendig sind. Wir können sehen, wie vollkommen unsere eigenen Jahreszeiten und Rhythmen sind. Der Klostergarten ist der Teil unseres Lebens, der uns nicht formt, sondern die Empfindsamkeit unserer Seele weckt. Der Altar umfaßt die Gegenwart der Stille, die uns nicht drängt oder irgendwohin ziehen will, sondern uns auffordert, gegenwärtig zu sein für das Heilige.

*Im Garten fließt das Wasser, das alles wäscht und unschuldig macht. Die große Stille, die hier herrscht, enthält das große Feuer, in dem alles, was nicht wahr ist, zu Asche verbrennt. Der Garten ist die Erde, die Heimat, die alle Wesen willkommen heißt. Die Luft, die wir atmen, wird zur Quelle allen Glaubens, der uns trägt. Wie der unsichtbare Äther oder das geheimnisvolle goldene Metall hält der Klostergarten alles zusammen.*

Ein volles inneres Leben schenkt unserem Leben in der Welt die Wurzeln. Wir verlieren uns nicht. Der Lärm und die Ablenkungen des Alltags gehen an uns vorbei, weil wir in unserem eigenen stillen Sein ruhen. Mit dem Altar im Zentrum unseres inneren Lebens sind unsere Sinne die Ausfalltore zum Göttlichen, denn das Leben in der Welt ist das Handeln Gottes.

## Das Kloster

Unser Klostergarten oder Altar ist das Zentrum des Klosters ohne Mauern. In dem Maße, wie unsere Vorstellungen vom Göttlichen sich ändern, vielleicht von heiligen Bildern zur schlichten Stille einer Kerze oder Blume, so verändern auch wir uns. Durch den Altar bieten wir der Stille in unserem Inneren Form und Gestalt an. Durch die süße Gegenwart in uns können wir unser inneres Leben neu wahrnehmen und schätzen. Unser Altar und unser Klostergarten sind das Herz unsers Lebens, der Ort, der Vorrang hat vor allem Lärm, mit dem wir leben.

Wie man einen heiligen Raum schafft, der uns den Weg zur heiligen Stille und zu einem heiligen Leben öffnet, können wir von unseren Brüdern und Schwestern in traditionellen Klöstern lernen, auch wenn wir für stumpfsinnige Routine halten mögen, wie sie jeden Morgen und jeden Abend am Altar erscheinen gleich Bienen, die mit immer reicherer Honigtracht in die Stille zurückkehren. Menschen werden nicht nur dadurch zu Mönchen und Nonnen, daß sie die Disziplin auf sich nehmen, fünfmal am Tag zu beten, sondern daß sie ihre Sehnsucht nach häufigem Beten entdecken. Wenn wir uns einen intimen Raum bewahren, einen Altar aufbauen, halten wir unsere Sehnsucht nach der Stille lebendig und machen unsere Beziehung mit dem Unsichtbaren sichtbar.

Wenn der Klostergarten um uns gewachsen ist, werden wir freier von der Angst, die im Lärm des täglichen Lebens wohnt. Das Leben, das wir in der Stille des Gartens entdecken, befreit uns von den inneren Spannungen und Fallen des modernen Lebens. Je sichtbarer unser inneres Leben wird, umso unsichtbarer werden wir für andere. Wir sind weniger in der Welt und mehr in der Stille. Wir brauchen nicht so viel Raum einzunehmen. Wir brauchen von allem nicht so viel. Der Klostergarten ist das Wichtigste in uns und gibt uns vollkommeneren Frieden, als wir uns je vorgestellt haben. In dem Maße, wie wir mehr Reichtum in der Schönheit der Stille finden, entwickeln wir unsere Sehnsucht nach Schönheit überall, unsere Sehnsucht danach, offen zu sein für die stillen Berührungen der Liebe. Durch die Fenster unseres Altars bringen wir mehr Licht in die Welt. Unser Leben wird der erweiterte Klostergarten, der zu größerer Bedeutung erblüht.

Wenn wir im Kloster ohne Mauern leben, wollen wir unserem inneren Leben so viel Raum wie möglich geben, denn hier erfahren wir die Feinheiten und immer neuen Horizonte der Liebe in der Stille. Wir suchen die Arbeit, das Vergnügen und die spirituelle Gemeinschaft, die einfach und wahr sind, damit wir mit unserer inneren Erfahrung in Berührung sein können. Das Kloster gibt unseren Gefühlen, unserem täglichen Erleben und unserem Dasein einen Sinn, ganz gleich, ob wir viel erreichen und von anderen anerkannt werden. Dieser Raum innerer Sicherheit ist es, der so viele von uns ruft.

Wenn wir einmal den Reichtum des Heiligen wiederentdeckt haben, bedeuten uns gewöhnliche Reichtümer so wenig. Wichtig ist unser innerer Garten, das Licht des Altars. Die friedliche Gegenwart in unserem Garten unterstützt uns, so daß wir uns den Freuden des Lebens öffnen und es wagen können, die scheinbar unendliche Leere zu fühlen, die wir oft in uns finden und die häufig neuen Tiefen freudigen Seins vorangeht.

Das Kloster ohne Mauern ruft uns in den Garten, an den Ort, wo unsere liebevolle Aufmerksamkeit zur heiligen Fülle führt. Dies ist der Raum in uns, der unsere widerstreitenden Gefühle zur Ganzheit bringt und die Spannungen zwischen unserem inneren Leben und der Welt, in der wir leben, lindert.

## Kapitel Sieben

# Die menschlichen Seiten

Wenn man sich das Leben in einem Kloster vorstellt, hat man dabei im allgemeinen eine behütete, beinahe idyllische Szene vor Augen: Mönche oder Nonnen, die nach alten traditionellen Regeln schlicht, aber behaglich leben. Man denkt, daß die klösterlichen Einrichtungen für alle Bedürfnisse sorgen: für die geistige Führung ebenso wie für den Lebensunterhalt. Wir stellen uns seelenvolle Mönche und Nonnen vor, die einzig mit ihren täglichen Gebeten und Meditationen beschäftigt sind. Tatsache ist jedoch, daß es keinen Lebensweg gibt, der von sich aus für die körperlichen Bedürfnisse wie Nahrung und Unterkunft sorgt, wo man also den ganzen Tag nur beten und meditieren könnte. Ganz gleich, wie stark ihre Gemeinschaft sein mag — die Mönche oder Nonnen müssen zusammenwirken, müssen für die Gemeinschaft arbeiten und sich ihren inneren Kämpfen stellen. Das Kloster innerhalb von Mauern verfügt auch über keine speziellen Mittel zur Sicherstellung des Lebensunterhaltes, genauso wenig wie das Kloster ohne Mauern. Man kann das Leben nicht vor sich selber schützen. Der Mönch oder die Nonne in jedem von uns steht den Verletzlichkeiten des Lebens gegenüber, der Notwendigkeit, unseren Lebensunterhalt zu verdienen und positive Beziehungen aufzubauen. Wenn wir die heilige Stille in unserem Leben haben, können wir vielleicht ohne Prestige, Reichtum und gesellschaftliche Beliebtheit auskommen, aber unsere inneren Unsicherheiten, der Widerstreit unseres Zweifels und unseres Glaubens, sind trotzdem gegenwärtig. Ein einfaches Leben kann man in relativer Bescheidenheit leben, aber vielleicht bleiben uns die Ängste um unser körperliches Wohlergehen. Eine Veränderung in unserem Leben entsteht dadurch, daß wir mit unseren Herausforderungen anders umgehen und es nicht mehr nötig haben, uns Schwierigkeiten zu schaffen, die nicht wirklich da sind. Nachdem wir erkannt haben, was unsere wirklichen Schwierigkeiten sind, können wir anfangen, sie zu lösen.

## Überleben

Unser tägliches Überleben bedeutet nicht nur, daß wir etwas zu essen und ein Dach über dem Kopf brauchen. Wir müssen auch schauen, was uns überhaupt dazu bringt, überleben zu *wollen.* Die Träume und Hoffnungen, Phantasien und Sehnsüchte allzuvieler Menschen sind an den Härten des Lebens zerbrochen oder in Kompromisse verwandelt worden. Zu viele Menschen leben ihr Leben von einem Bedürfnis zum anderen, von einem Scheck zum nächsten. Das Kloster ohne Mauern führt die Menschen zu einem Leben zurück, aus dem die Träume und Hoffnungen kommen, zu einem Leben, das ein stetiger Strom des Geistes ist, ein ständiges Mitschöpfen, ein Zusammenwirken unseres Willens mit dem größeren Willen. Wenn die Menschen sich vom Lärm der Welt abwenden, spürt das Herz, aus dem die Träume stammen, allmählich sich selbst; es erholt sich und beginnt wieder zu blühen. Wenn wir uns der stillen Gegenwart zuwenden, wird die Liebe, die Träumen möglich macht, in uns spürbar. Überleben ist mehr als das Erfüllen grundlegender Bedürfnisse. Überleben ist, wieviel Liebe zu unserem Tag gehört, wieviel Liebe wir in die Welt bringen. Wir nehmen oft an, der Mönch oder die Nonne in uns müßten ihre Träume aufgeben, um in der Stille friedlich leben zu können. Es ist jedoch das Gegenteil der Fall: Wir müssen die Ängste ablegen, die unsere Träume unterdrücken, um in einem unendlichen Wunder ganz lebendig sein zu können. Wir sind aufgerufen, so viel Liebe wie möglich in uns aufzunehmen und dann unsere Weise zu finden, diese Gegenwart an die Welt weiterzugeben. Wenn wir der Stille nahe sind, wissen wir einfach gefühlsmäßig, daß es nicht nur möglich, sondern ganz natürlich ist, Einkünfte und Mittel zu haben; unterstützt von all der Liebe in der Stille, können wir dann tun, was uns am meisten Liebe schenkt.

*Damit das Leben frei von Angst wird, müssen wir uns von der Stille abhängig machen: Sie muß unser Vater, unsere Mutter, unser Arbeitgeber, unser bester Freund und Begleiter werden, der göttliche Kelch, aus dem wir trinken.*

## Angst

Jeden Tag treffen wir Entscheidungen und sprechen Worte, die aus der Angst oder der Liebe kommen. Allein in lärmerfüllter Welt ziehen wir uns innerlich zusammen und handeln aus Angst. Wenn wir die friedliche Stille spüren, treffen wir Entscheidungen und wählen Worte, die von der Gegenwart des Glaubens erfüllt sind. Unsere Beziehung zur Stille entscheidet darüber, ob wir uns anderen Menschen und den Möglichkeiten des Lebens öffnen oder uns ängstlich verschließen.

Das, worüber wir uns die ganze Zeit sorgen, und das, wovor wir *wirklich* Angst haben, sind oft zwei grundverschiedene Dinge. Im normalen Leben machen wir uns vielleicht Sorgen darüber, wie wir die Rechnungen des letzten Monats begleichen und dann die des nächsten Monats, und halten das alles für ganz normal! Wir sorgen und sorgen uns, ohne jemals unsere wahre Angst, die mit unserer Verletzlichkeit zusammenhängt, anzuschauen und zur Ruhe zu bringen. So leben unsere Ängste immer weiter, verkleidet in eine Sorge nach der anderen, bis sie schließlich der Liebe in der einfachen Stille übergeben werden.

Die meisten von uns meiden die Stille, weil sie sie fürchten. Aber wir müssen uns erinnern, daß die Stille selbst nicht furchterregend ist — das, was wir ihr bringen, stört uns. Was uns Angst macht, ist die Bloßlegung der Strukturen, die wir aufbauen, um der Stille zu entgehen. Die Stille zeigt uns die Beziehungen, die Arbeit und die täglichen Gewohnheiten, die wir mit unseren Ängsten aufrechterhalten. Der Schutz, den wir außerhalb der Stille, die Gesellschaft, die wir fern von der Stille suchen, ja die Eß- und Trinkgewohnheiten, von denen wir außerhalb der Stille abhängig sind — sie alle sind aus unseren Ängsten erschaffen. Die Stille beleuchtet allmählich die Teile unseres Lebens, die den Frieden der vollkommenen Gegenwart ausschließen. Oft ist der Gedanke, diese Strukturen und Gewohnheiten loszulassen, um unseren Platz in der Stille zu finden, gerade das, was uns ängstigt.

*Angst kann ein Hinweis darauf sein, daß wir falsche Bequemlichkeiten loslassen, um den wahren Trost der Stille zu finden, ein Zeichen dafür, daß wir unserer unnötigen Geschäftigkeit bewußt werden, unserer Einsamkeit, unserer Bedürfnisse, die wir gewöhnlich ignorieren, einschließlich des Bedarfs nach Frieden und Ruhe. Angst entsteht, wenn unser Ersatz für die Liebe in der Stille nicht mehr funktioniert, wenn nur noch Stille da ist.*

*Durch unsere Ängste können wir neue Einsichten in die stille Gegenwart gewinnen. Wenn wir uns der Ströme der Angst in uns bewußt sind, können wir lernen, mit ihnen in die Stille zu fließen, anstatt vor ihnen davonzulaufen. Das Leben ist voller solcher Ströme.*

Man sollte nicht zu rasch in lange Zeiten konzentrierter Stille springen, weil dann die täglichen Strukturen, die man sich anstett der Stille aufgebaut hat, ins Wanken geraten könnten. In der Stille ist der Lärm, mit dem wir leben, innerlich zu spüren. Die Gedanken und Gefühle, die uns gewöhnlich von der Stille ablenken, können als Ängste an die Oberfläche treten. In der sanften Umarmung der Einheit werden die Teile von uns sichtbar, mit denen wir uns nicht wohlfühlen. Die Stille ist wie ein starkes, helles Licht, das auf unsere Unsicherheit fällt. Sie ist wie ein klarer Spiegel, der die Zweifel und Ängste spiegelt, die wir mit uns herumtragen.

Die lautlose Gegenwart hält für jede Angst eine besondere Einladung bereit. Wo immer wir uns selbst, wo wir der Stille begegnen, können wir unsere Angst nicht ausschalten. Keine große Auseinandersetzung wird sie zum Verschwinden bringen. Unsere Ängste haben dann ein Ende, wenn wir die süße Liebe der Stille annehmen. Indem wir schlicht und liebevoll die einfache Stille annehmen, schließen wir unsere Ängste in die Arme, bis wir spüren, wie das Heilige sie heilt. Es ist das Heilige, das unser Selbstbild ändert und das die Angst als erstes angenommen hat. Es ist das Heilige, das die Angst verwandelt, mit jener besonderen Liebe, die den Ängsten keinen Raum mehr läßt. Bis dahin — bis das Leben in der Stille erhöht ist und wieder jene Identität hat, die das Heilige einschließt — wird eine Angst oft durch die andere ersetzt, löst eine Sorge sich auf, um einer neuen Platz zu machen. Angst kann sich buchstäblich in jeder Seele halten, auf jedem Lebensweg. Keine Lehre, kein Partner, kein Gesundheitsprogramm, kein wirtschaftlicher Wohlstand kann versprechen, sie aufzulösen. Ängste überleben ziemlich sicher überall, auch in den stärksten und tapfersten Seelen, die ihre Kraft und ihren Mut benutzen, um diese Ängste zu verbergen. Außer Liebe und Verständnis gibt es keine Technik, um die Ängste vor dem Dunklen auszumerzen. Ängste bleiben bestehen, bis wir die Liebe annehmen, die für sie hier ist, bis wir die Leichtigkeit des Seins annehmen, mit der wir im Unbekannten leben können, jene Leichtigkeit, die davon herrührt, daß wir uns der Heiligkeit in der Stille bewußt sind.

Die Ängste dauern fort, weil sie Teil unseres menschlichen Daseins sind. Aber wenn wir sie der Sicherheit der Stille überbringen, werden wir stärker. Jede Angst, die mit dem Frieden der Stille erfüllt wird, setzt mehr von unserer Ganzheit frei. Unsere Ängste zeigen uns vielleicht, wo wir die sanfte Berührung der Stille brauchen. Sie können uns auf unsere Grundangst aufmerksam machen, hinter der sich unser Bedürfnis nach der heiligen Liebe verbirgt, die in der klaren Stille zu finden ist.

## Einsamkeit

Angst steht für unsere Trennung von der Stille. Wir erleben sie oft als Einsamkeit. Wir fürchten uns vor unserer Abhängigkeit von der stillen Gegenwart und halten uns deshalb von ihr fern. Das Gefühl der Getrenntheit ist dann so real, daß wir in Furcht geraten. Wir kompensieren sie durch noch mehr Arbeit, noch mehr Essen, noch mehr Schlaf; wir umgeben uns mit einem Verwandten- oder Freundeskreis, leben entweder ganz der Zukunft oder der Vergangenheit. Wir decken unsere Trennung von der großen Stille auf viele Arten zu. Anstatt zuzulassen, daß das Leben uns von unseren Gefühlen entfernt, können wir uns von ihnen einladen lassen, der Gegenwart der Liebe näher zu kommen. Die Jahreszeiten des Lebens, wo Familie und Partnerschaften auseinandergehen und wir einsam werden, sind die Zeiten, wo die Stille uns wieder ganz zurückgewinnen möchte.

Wir wissen gewöhnlich nicht, wie heilig solche Zeiten sind, wie wichtig es ist, allein zu sein und empfänglich für die Liebe, die mit uns ist. Wir wissen nicht, wie wir damit umgehen sollen; oft wenden wir uns dann alten Beziehungen zu, verwirklichen etwas, was wir schon lange einmal machen wollten, beginnen eine Diät und ein Gymnastikprogramm — irgend etwas, das uns helfen soll, die schwierigen Zeiten zu überstehen. Schwere Zeiten müssen jedoch nicht unbedingt die schlimmen Zeiten sein, zu denen wir sie machen. Es sind die Augenblicke, wo unsere Seele besonders nackt und die Stille besonders nahe ist. Unsere Zeiten der Einsamkeit können uns zu unserer einzigartigen Beziehung mit dem unendlichen Wunder führen, wenn wir lernen, die Liebe zu erspüren.

*Einsamkeit ist vielleicht die stärkste Wurzel unserer modernen Probleme. Süchte, unglückliche Beziehungen und das zwanghafte Verlangen nach Besitz können dieser Wurzel entkeimen. Wir schneiden sie nicht ab, weil dann so vieles, was von ihr aufrechterhalten wird, mit stürzen könnte. Wir reißen sie nicht aus, denn welche anderen Wurzeln würden an ihre Stelle treten und uns Halt verschaffen? Irgendwann einmal wird jeder von uns in sein innerstes Wesen gerufen und spürt dann, wer er ist, entdeckt, wie intensiv die Stille gegenwärtig ist, wie sehr wir geliebt werden. Was uns auf der Erde hält, ist die wortlose Liebe, die in unsere Wurzeln eindringt.*

Wir können die Einsamkeit als einen Schrei wahrnehmen, den die Liebe in der Stille uns zukommen läßt. Es mag schwer zu verstehen sein, aber unsere Zeiten der Einsamkeit sind vielleicht der Ruf nach neuer Vertrautheit mit der Stille. Die feine Stimme in uns, Augenblicke der Zartheit, Blätter, die im Winde wehen, bescheren uns die vertrauten Gespräche mit der reinen Stille. Wenn wir in diesen Zeiten der Einsamkeit in der Stille leben, lernen wir, die Liebe zu spüren, die mit uns ist. Wenn wir wissen, daß unsere Einsamkeit einen besonderen Sinn hat, den wir in neuen Tiefen der Stille finden sollen, gibt uns das vielleicht den Mut, dafür offen zu sein und nicht auf das Ende unserer Einsamkeit zu dringen. In unseren Gebeten und stillen Nachtwachen können wir die geräuschlose Ordnung entdecken. Eine neue Beziehung entwickelt sich, wenn unsere Stunden der Einsamkeit Zeiten sind, um allein zu sein, um in der Liebe der Stille einfach *wir selbst* zu sein.

## Leere

Unter der Einsamkeit lauert vielleicht die Angst vor der Leere, die Angst, im endlosen Bewußtsein keinen Halt zu finden. Wenn die Welt uns davon abgebracht hat, uns selbst in der Stille zu spüren, bleiben wir mit einem Gefühl der Leere zurück. Im allgemeinen verdrängen wir diese Gefühle, weil wir nicht wissen, wie wir mit ihnen umgehen sollen und wohin sie uns führen. Einfach leer zu sein, offen für die Mysterien der Stille, bedeutet, mit unserem heiligen Selbst ganz anwesend zu sein. Was könnte Leere denn sonst sein, wo doch die Stille voll ist von allem, woran unser Herz sich hängt. Was wir auch tun, was immer wir planen oder versäumen — unsere Gedanken finden immer neue Möglichkeiten, alles andere zu sein als leer für die Gegenwart der einfachen Stille. Wir klammern uns an unseren Lebensstil, an unsere Beziehungen, unsere Eßgewohnheiten und unverwechselbaren Eigenarten, die uns immer weniger Raum für die Stille lassen. Unser Ziel ist nicht, ein leeres Leben zu führen und an gar nichts zu hängen, sondern jeden Tag, jeden Augenblick mit größerer Aufmerksamkeit zu leben und dadurch offener und wandlungsfähiger zu werden. Wenn wir nicht mehr so entschlossen sind, ein Leben nach unseren eigenen Vorstellungen zu führen, öffnet sich uns der Weg in die Stille.

*Leer sein heißt üben, die Ängte loszulassen, die uns beherrschen, und mehr an der Substanz des Lebens zu hängen, der Liebe in der Stille. Leer sein heißt offen sein für die Schätze der verborgenen Harmonie, statt Ersatzlösungen zu suchen, mit denen unsere Ängste uns gerne beschwichtigen würden. Wenn die Leere unser Freund ist, gelangen wir zu einer neuen Fülle der Stille, zu einer Fülle, die sich nicht mit den Ablenkungen des Lebens abgefunden hat, einer Fülle, die aus unserer Hingabe an ein Leben in der Stille kommt. Wir schaffen Raum für die Leere, wenn wir das Wunder, die erhabenen Höhen und ruhigen Winkel der Stille zu schätzen wissen. Wir finden noch mehr Leere, wenn wir uns den Mysterien verpflichten, die es zu entdecken lohnt, dem inneren Leben, das in unserer Leere mehr Raum und Achtung findet und sich weit ausdehnen kann.*

Wir sollten uns bewußt sein, daß Schwierigkeiten ein Vermeiden der Leere sind. Schwierigkeiten nehmen einen Raum ein, der für die Stille frei sein könnte. Je größer die Schwierigkeit, desto mehr Raum müssen wir in uns für die Stille finden. Was uns beschäftigt, was uns überwältigt und herausfordert, ist das, woran wir uns festhalten, statt unsere Beziehung zur Stille zu vertiefen.

Durch Leere ruft uns das Leben auf zu horchen, was unsere Aufmerksamkeit gefangennimmt. Wenn wir uns von unserem Verlangen nach Leere leiten lassen, kann alles — unser Essen, unsere Arbeit, unsere Ruhe — dieses Verlangen unterstützen, das Verlangen nach der Gegenwart der Stille. Leere ist ein Zustand, in dem unsere Sehnsucht nach der Liebe in der Stille wächst. Wenn wir in unserem Leben mehr Freiraum für die Stille schaffen wollen, tun wir schon alles, was nötig ist zu tun. Wir sollten nie vergessen, daß die Leere uns in der Gegenwart hält, hellwach und unseres Platzes in der lautlosen Welt bewußt.

*Leere läßt einen Raum frei, wo die Eigenschaften des Himmels uns ergreifen können. Der goldene Vogel ist immer auf der Suche nach einem leeren Nest zum Ruhen.*

## Selbstgefälligkeit

Wie wir die Gelegenheiten zur Leere annehmen oder uns ihnen widersetzen, verrät uns viel über die Selbstgefälligkeit, an der wir festhalten. Unsere Eigenliebe sucht uns vor der Leere und dem unendlichen Reich der Stille abzuschirmen. Wir fürchten, daß wir ohne unser Geltungsbedürfnis überwältigt werden, und unsere kleine Insel, umgeben vom riesigen Raum der Stille, wahrscheinlich aus den Fugen gerät. In Wahrheit läßt unsere Angst vor der endlosen Stille uns immer wieder hinter Ehrungen und Anerkennungen herlaufen, die uns wenig Befriedigung bieten im Vergleich zu jenem großen Frieden, den der Klostergarten, das Kloster ohne Mauern, uns verheißt. Selbstgefälligkeit liegt in den Dingen, die wir getrennt von der stillen Gegenwart tun, um vor uns und der Welt sicherer, beliebter, geachteter oder imposanter dazustehen. Sie ist die Wichtigkeit, die wir uns selbst zuschanzen, aus Angst, die Liebe nicht finden zu können, die in der Stille auf uns wartet.

Wir können unsere Eigenliebe nicht einfach ablegen, etwa indem wir von heute auf morgen unsere Lebensweise ändern oder uns strenge Meditations- oder Yogaübungen vornehmen. Jeder Akt der Selbstverleugnung ist ein Platz, wo die Selbstgefälligkeit sich einnisten kann. Am besten bitten wir die Stille um Hilfe, damit wir davon ablassen, um uns selbst zu kreisen. An die Stille können wir unsere Gebete um Einfachheit und Demut richten. Mit der Stille können wir danach streben, unser Leben immer reiner und wahrer zu machen. Wir können uns nicht aus eigener Kraft von unserer Selbstverherrlichung befreien. Langsam, sachte, mit Hilfe der Gnade der lautlosen Welt, können wir jedoch eine Ahnung von unserem wahren Ich bekommen, in der goldenen Liebe, die uns im Herzen der Stille erwartet.

Eigenliebe kann sich in allem verbergen, was wir tun. Ob wir ein öffentliches oder zurückgezogenes Leben führen, ob wir bekannt sind oder unbekannt — Selbstgefälligkeit ist der Teil von uns, der in den Ängsten gründet. Nicht was wir tun, bestimmt das Maß unserer Eitelkeit, sondern wieviel Angst wir dabei haben. Ein klarer Weg durch unsere falsche Identität, die Eigenliebe, ist des Geschenk des Dienens; wenn wir den Schmerz in anderen lieben, erinnert uns das an unsere eigene Verletzlichkeit. Ein weiterer klarer Weg besteht darin, einfach zu spüren, wie das Leben sich jeden Augenblick verändern kann, uns zu erinnern, daß das einzige, worauf wir uns am Ende zu Recht verlassen können, die Liebe in der Stille ist. Jede ehrliche Lebensweise belebt uns und schränkt unser falsches Wesen und unser Geltungsbedürfnis ein.

## Stolz und Überheblichkeit

Selbstgefälligkeit ist nur ein anderes Wort für Stolz und Überheblichkeit. Wenn wir uns von der Liebe in der Stille trennen, verblendet uns leicht die Überheblichkeit. Unsere Stärken und Schwierigkeiten, unsere Arbeit und unsere Beziehungen und selbst das ständige Beobachten unseres eigenen Wachstums können Formen der Überheblichkeit sein, sobald sie uns davon entfernen, unser inneres Leben und die unendliche Ruhe zu spüren. Unser Verstand erfindet eher eine falsche Identität, als unsere demütige Beziehung zur einfachen Gegenwart zu akzeptieren. Stolz nimmt so viele Formen an. Selbst Demut kann eine Tochter des Stolzes sein, wenn wir uns darin gefallen, demütig zu handeln. Und was ist so verkehrt am Stolz? Vielleicht nichts, vielleicht alles; denn Stolz hindert uns daran, die

Leere zu erleben, in der die Gegenwart der Stille unser ein und alles sein kann. Stolz auszumerzen ist wichtig, weil er so spitzfindig ist, so um sich greifend, so mit uns verwoben und unser Sein umgarnend. Sicherlich wäre es uns lieber, wenn statt seiner die göttliche Weinranke jeden Winkel unserer Seele umrankte und umschlänge. Wo Überheblichkeit ist, können wir sicher sein, daß auch die schwachen Stellen des Stolzes nicht weit sind. Überheblichkeit, Stolz, Eigenliebe und falsche Demut sind die Eigenschaften in uns, die wir gewöhnlich schützen, in Wahrheit aber die Schwächen, die wir uns erst noch vergeben und der stärkenden Einheit der Liebe anvertrauen müssen.

*Stolz macht uns so blind zu glauben, das „Ich" sei wichtiger als das „Wir"; er kettet uns an unser Ich, anstatt uns für die Stille zu öffnen. Stolz ist der Gegenpol der Heiligkeit. Deshalb verlangt die heilige Gegenwart so dringlich, daß wir ihre Wirklichkeit erkennen. Wir müssen uns leermachen, wenn nötig, das Innere nach außen kehren, bis wir frei sind von allem außer dem reinen Verlangen nach dem, was im Inneren der Stille ist.*

Wenn wir uns vom Stolz befreien, fürchten wir uns weniger zu fühlen, wonach wir wirklich verlangen, nach der großen Seele der Seelen im unerschaffenen Wunder. In dem Maße, wie unser Stolz abnimmt, sterben auch unsere Wünsche ab, außer dem einen großen Wunsch nach dem, was wir uns wirklich ersehnen. Die alltäglichen menschlichen Anliegen des Lebens bestimmen uns; doch jedesmal, wenn wir bereit sind, mehr von uns aufs Spiel zu setzen, fühlt sich unser Stolz ein bißchen weniger sicher. Wenn wir etwas wagen, bestätigen wir unsere Verletzlichkeit und halten die Stille nahe bei uns. Wenn wir unsere Sorge darum, wie andere uns beurteilen, fahrenlassen, verliert unsere Überheblichkeit etwas Boden unter den Füßen. Wenn unser Ziel ist, uns unseren schwierigsten Problemen zu stellen und unsere Feinde in die Arme zu schließen, büßt unser Stolz an Macht ein. Wenn wir bereit sind, die Schwächen in uns selbst und die Stärken in anderen zu sehen, halten wir die Überheblichkeit im

Zaum. Wenn wir darüber hinaus bereit wären, die Schwächen in unseren eigenen Stärken und die Stärken in unseren Schwächen auszumachen, wären wir vielleicht sogar imstande, unsere Persönlichkeit zu ändern. Überheblichkeit hat es schwer zu überleben, wenn wir Vergebung üben, wo schwer zu vergeben ist, oder Humor entwickeln, wo ernste Angelegenheiten zu regeln sind. Überheblichkeit und subtiler Stolz überdauern vielleicht, aber genau das zeigt uns, wieviel intensives Licht, wieviel von der schönsten Liebe der Stille wir noch an uns ziehen müssen.

In der Zwischenzeit sollten wir — auch wenn schwer zu unterscheiden ist, welche Wünsche echt sind und welche uns nur die Nähe zur Liebe in der Stille meiden lassen wollen — auf jedes Bedürfnis achten, das wichtig erscheint und sofort befriedigt werden möchte. Überheblickeit steckt nicht nur im großen Anspruch, den jeder sofort bemerkt, sondern auch in den kleinen Aspekten unserer Persönlichkeit, denen es sehr recht ist, unerkannt zu bleiben. Unsere Politiker kritisieren wir zum Beispiel oft, weil sie so aggressiv sind und so miserable Pläne für uns machen. Wenn wir jedoch nichts Besseres anzubieten haben, kann unser abschätziges Urteil durchaus eine andere Form des Stolzes sein. Überheblichkeit macht es sich oft bequem und wird nicht gern ertappt.

*Im religiösen wie im weltlichen Leben kann Überheblichkeit leicht unbemerkt bleiben. Nur wir selbst kennen die Motive für unser Handeln. Unsere Absicht kann allen, die wir kennen, gut erscheinen, aber nur die Stille weiß, was in unserem Herzen ist. Wenn wir bemerken, wieviel wir von anderen verlangen oder welche unserer Gebete sich um unser eigenes Wohlergehen drehen, werden wir uns vielleicht bewußt darüber, wie stark der Stolz noch Anteil an unserem Leben hat. Ohne die Liebe der Stille könnten wir unser ganzes Leben im Käfig unser eigenen Großartigkeit verbringen und sterben, ohne auf das Reich der Liebe in der Stille vorbereitet zu sein. Glücklicherweise schmelzen fast alle Formen des Stolzes nicht so sehr in der Auseinandersetzung, sondern in den sanften Armen der friedlichen Stille.*

*Glücklicherweise fällt jede Seele, die willig ist, so klein und schön zu sein wie die geringste Blume, ganz leicht am letzten Tage auf den Grund des Himmels.*

Wie meistern wir mit weniger Stolz das Leben? Wie wird man demütig? Nur wenn wir die Stille in unser tägliches Sein hereingenommen und klösterlich gehütet haben, kann unser Stolz den großen Frieden annehmen und Zuflucht in jener Stille suchen, die keine Grenzen kennt, außer denen, die wir selbst ihrer unendlichen Liebe setzen.

## Versuchungen und Entscheidungen

Unsere Angst, verletzlich zu sein, und der Abstand, den wir zwischen uns und der Liebe in der Stille wahren, hält uns verblendet von Stolz und Überheblichkeit. Oft kommen wir mit all den Möglichkeiten des Lebens nicht zurecht und wählen deshalb die Dinge, die scheinbar für uns selbst am besten sind. Es ist natürlich leichter, die Energie für eigene Vorhaben aufzubringen, als mit derselben Tatkraft Dinge zu erledigen, um die uns unser Partner bittet. Groß ist die Versuchung, unsere eigenen Wünsche zuerst zu erfüllen, weil sie uns wichtiger erscheinen. Aber selbst bei unseren eigenen Wünschen geraten wir in Widerstreit: Wählen wir die Gelegenheit zu einem besseren Leben oder folgen wir einer Verlockung, die zwar unmittelbar Befriedigung verspricht, uns aber weiter von uns selbst und der Stille entfernt? In unseren Beziehungen, bei der Arbeit und bei gesellschaftlichen Anlässen treffen wir jeden Tag viele Entscheidungen. Manche unserer Entschlüsse stärken unser inneres Leben, lassen die Vertrautheit mit der Stille wachsen. Andere dagegen entspringen impulsiven, ängstlichen Reaktionen oder einfach der Gedankenlosigkeit. Durch den Lärm und die Belastungen unseres Lebens sind wir oft in Versuchung, etwas zu tun, was unsere Sinne abstumpft und uns von unseren wahren Gefühlen und Sehnsüchten entfernt. Wir essen vielleicht zuviel, wir suchen die Stadt nach etwas ab, was wir nicht wirklich brauchen, wir reagieren schroff auf andere oder tun zwanghaft dies und jenes. Mit der Stille könnten wir innehalten und uns bewußter entscheiden. Unsere spirituelle Praxis hilft uns, entschieden und bewußt ein Leben zu wählen, das uns unserem inneren Selbst und der Stille näher bringt.

Dies sind die großen Versuchungen im Leben: eine Arbeit, die viele Annehmlichkeiten verspricht, aber wenig persönliche Erfüllung bietet; eine Beziehung, die wir aus Angst vor dem Alleinsein aufrechterhalten; jeder Weg, der sich nicht richtig anfühlt, auch wenn wir ihn Tag für Tag beschreiten. Wir können besser mit diesen Versuchungen umgehen, wenn wir lernen, den kleinen Versuchungen des Lebens zu widerstehen. Jeden Tag sind wir versucht, die falschen Entscheidungen zu treffen — aus Faulheit, unter Druck, aus Angst oder auf Versprechungen hin, die gut klingen, aber letztlich schaden. Manche Menschen kommen immer wieder in dieselbe Versuchung. Die einzig wichtige Entscheidung, die wir immer wieder in der einen oder anderen Form zu treffen haben, ist diese: schließen wir die Stille in die Arme oder fliehen wir vor ihr?

Die Versuchungen des Lebens sind unsere täglichen Ablenkungen. Manchmal, wenn wir uns der Stille bewußt werden, die uns empfängt, greifen wir nach etwas, was uns ablenkt, was unsere Gefühle abstumpft. Die Liebe ist so groß, und vielleicht fühlen wir uns ihrer nicht würdig. Fast jede Seele gibt sich deshalb auf die eine oder andere Weise mit einem Leben der Ablenkungen zufrieden.

Wir müssen uns der unbewußten Augenblicke bewußt werden, all der Dinge, die wir tagsüber routinemäßig, fast automatisch tun: das ist der erste Schritt! Wenn wir aufmerksam anschauen,wie wir uns entscheiden und handeln, wächst unser Bewußtsein.

Der nächste Schritt empfiehlt uns innezuhalten, bevor wir handeln. Wir atmen zum Beispiel zweimal durch, bevor wir uns ein zweites Dessert genehmigen. Anstatt automatisch das Radio anzuschalten, fragen wir uns, warum wir die Stille zudecken wollen. Was möchten wir *eigentlich* tun? Wenn Versuchungen zu bewußten Wahlmöglichkeiten werden, tritt Bewußtheit an die Stelle der automatischen Reaktion. Jeder bewußte Augenblick enthält die heilige Stille. Routine stumpft unsere Gefühle ab, bewußtes Verhalten schließt die Stille ein. Zu unserem Wege in die Stille gehört, daß wir uns der großen und kleinen Zwänge, der Lockungen und Verführungen bewußt werden, die das Leben auf uns ausübt, und daß wir uns mehr Zeit nehmen, um bessere Entscheidungen zu treffen. In den Augenblicken, wo wir innehalten, hat die Gegenwart der Stille unserem Wesen etwas gegeben, das uns hilft, frei zu entscheiden, welchem Weg wir folgen wollen. Es ist nicht so wichtig, *was* wir tun, sondern wahrzunehmen, *wie* wir es tun. Ein Dessert herunterzuschlingen, weil es vor uns steht, ist etwas ganz anders, als ein Dessert zu wählen, aufmerksam zu kosten und zu genießen.

Ein weiser Priester sagte einmal: „Die größte Versuchung ist unsere Entmutigung. Und unsere Entmutigung ist bloß eine andere Form des Stolzes." Versuchungen kommen immer wieder, solange es Bereiche in uns gibt, die sich ablenken lassen, die vom goldenen Herzen der Stille getrennt werden können. Bis wir vollständig in den stillen Sphären aufgehen, erinnern uns unsere Ablenkungen daran, daß immer noch mehr von uns in die Stille heimkehren kann. Beim „Heim"gehen sollten wir die Ängste anschauen, die uns in Versuchung führen. Wir haben Angst vor der unendlichen Liebe, deshalb geben wir uns mit den kleinen Freuden zufrieden, die das Leben bietet. Wir fürchten uns vor unserer Bedeutungslosigkeit im großen Licht, deshalb finden wir kleine Inseln des Stolzes und der Überheblichkeit, auf denen wir stehen können. Unsere Ängste führen uns in Versuchung und Trennung. Ohne Angst wären wir einfach eins mit der stillen Einheit.

*Wir werden zu einem Bewußtsein gerufen, wo unser Ego sich nicht, wie wir vielleicht meinen, in Nichts auflöst, sondern sich immer größerer Wachheit ergibt, die der Erfahrung unserer lebendigen Seele im Licht der Stille Bewußtheit verleiht.*

## Selbstmitleid und Aggressivität

Entmutigung führt leicht zu Selbstmitleid und Aggressivität. Selbstmitleid ist eines der wirksamsten Mittel, die Liebe in der Stille zu verleugnen. Natürlich läßt sich die große Stille nicht vollständig aus unserem Leben ausschalten; es gibt letztlich keinen Schutz gegen die Liebe. Das Selbstmitleid, die Augenblicke, in denen wir nur noch uns selbst gewahren, halten nur so lange an, bis wir uns wieder für andere öffnen oder bis die Natur der Liebe Raum schafft, die die Stille uns schenken möchte.

Aggressivität ist ein weiteres Mittel, um uns von der Stille getrennt zu halten. Wenn wir die Stille aus unserem Leben ausschließen, kann sie unsere Energie nicht sammeln oder nähren, deshalb kommt es uns so vor, als ob wir nur durch Aggressivität bekommen könnten, was wir wollen. Wann immer wir uns in Streitsucht flüchten, um ein Problem zu lösen oder mit einer Krise fertigzuwerden, geben wir in Wahrheit zu, daß uns nichts Besseres einfällt. Frieden, Liebe, Freude und die anderen Qualitäten der Stille sind aus unserer Wahrnehmung ausgeschaltet. Aggressivität ist die Feststellung unserer Machtlosigkeit. Unser Stolz hat uns den Weg zu einer besseren Lösung verbaut. Wenn wir wütend sind, sind das die Augenblicke, wo wir die Gegenwart der Stille ausschließen. Wut ist die Energie, die aus der Angst und aus den Schmerzen kommt, die wir in Wahrheit spüren. Wir reagieren schnell, wenn wir außer uns vor Wut sind. Doch nur in der bewußten Stille können wir Ängste und Schmerzen heilen. Ob wir nun aus der Haut fahren oder Beziehungen fortführen, die uns in Wut geraten lassen — wir trennen uns von unserer inneren Weisheit. Wir können unsere unbewußten Augenblicke, unser zorniges und wundes Ich in unsere Meditationen einleiten, sie in unserem Bewußtsein halten und die Liebe unseres größeren Seins bewegen, daß sie uns helfen möge, für unsere Gefühle zu sorgen.

*Streitsucht ist ein Hilfeschrei. Viele Seelen schreien danach, die Früchte der Stille zu genießen. Wir sind aggressiv, wenn wir versuchen, auf uns selbst zu setzen, wenn wir Menschen zürnen, die eigentlich unsere Helfer sind; denn sie zeigen uns unsere Grenzen und führen uns zurück zur Liebe in der sanften Gegenwart. Wir sind aggressiv, solange wir uns der Führung widersetzen, die für uns bereitsteht. Aggressivität ist ein Zeichen unserer Hilflosigkeit, wenn wir von der Quelle der Stille abgetrennt sind.*

Die Nachhaltigkeit unserer Wut zeigt an, wie sehr wir nach der Stille verlangen. Die Sinnlosigkeit unserer Wut verdeutlicht uns, wie hilflos wir ohne ein Leben der friedlichen Stille sind. Wut — ob plötzlich, hartnäckig oder lange angestaut — kann uns sicher helfen, unsere Unabhängigkeit von anderen, von uns selbst und von der Stille neu wahrzunehmen. Wut in jeder Form zeigt uns, wie sehr wir in die falsche Richtung schauen und enttäuscht sind, die Zärtlichkeit nicht vorzufinden, die in der lautlosen Welt auf uns wartet.

*In der Stille ist alles heilig; das schließt unsere Feinde ein. Wir sollen ihnen in unserem Inneren mit Achtung begegnen, denn unsere Feinde schenken sich uns als Lehrer und Führer, von denen wir lernen können, uns auf die Liebe der Stille zu verlassen.*

*Unsere Kämpfe miteinander sind in Wirklichkeit Kämpfe mit der Stille in uns. Der Kampf endet, wenn wir uns wieder besinnen, daß jede Auseinandersetzung eigentlich zwischen uns und der unendlichen Gegenwart stattfindet. Deshalb schenkt Aggressivität uns keine Siege, ganz gleich, wer zum Sieger erklärt wird.*

## Widersprüchlichkeiten

Wut oder Selbstmitleid, die körperlichen und emotionalen Konflikte, die uns davon abhalten, in unserer Mitte zu sein, sind der Spiegel unserer Widersprüchlichkeiten. Eigentlich wollen wir liebevoll sein, und doch sind wir weiter ungeduldig, eifersüchtig und wütend. Alle Mönche und Nonnen kennen den Zustand, der sie entsetzt: Eben noch waren sie voll inneren Friedens, und plötzlich, innerhalb weniger Augenblicke, fühlen sie sich aufgebracht und entmutigt.

Widersprüchlichkeiten sind das, was die Welt der Stille uns offenbar macht. Wir können um den Weltfrieden beten und Schwierigkeiten damit haben, in unserem Zuhause Frieden zu stiften. Wahrheit kann uns wichtig sein, und doch erleben wir so viele Augenblicke während des Tages, wo wir nicht ehrlich sind. Wir können darüber sprechen, mit denen zu teilen, die es brauchen, nur um zu entdecken, wie viel wir besitzen und wie schwer es uns fällt, anderen etwas abzugeben. Je näher wir der liebenden Sorge der Stille sind, desto öfter stoßen wir auf unsere eigenen Widersprüche. Das ist der Preis, den wir dafür zahlen, so nahe solcher Zärtlichkeit zu leben. Wir sind gezwungen, im Spiegel unserer Stille unsere Selbstbezogenheit, unsere Ungeduld und Härte gegen andere zu erkennen. Die Stille ist sehr geduldig mit denen, die auf dem Weg der Liebe leben, die ihre Widersprüche oft und deutlich sehen. Die Stille hilft: sie läßt unsere Widersprüche so schwer erträglich werden, daß wir immer noch mehr mit der Stille leben wollen.

*Unsere Widersprüchlichkeiten sind der Unterschied, der zwischen unseren Anschauungen und Taten, unseren Ideen und Gefühlen bestehen bleibt; sie sind die Lücke, die wir noch mit wahrem Frieden und wahrer Stille füllen müssen. Man stelle sich den Tag vor, wo unsere Ansichten und Handlungen, Gedanken und Empfindungen aus derselben Quelle fließen! An diesem Tage werden wir in und mit der Heiligkeit des Allumfassenden leben.*

## Geduld

Unsere Widersprüche können uns eine neue Beziehung zur Geduld bringen. Geduld ist eine der wenigen Haltungen, die die Liebe in der Stille von uns fordert. Die Stille kann uns bitten, geduldiger zu sein, denn sie wartet geduldig auf jeden von uns, bis er sich aus freiem Willen entscheidet, „heim“ zukehren.

*Das Wesen der Stille beschenkt uns reich, wenn wir lernen, Geduld zu üben, im Leben — bei unserem Verlangen nach Erleichterung, Versorgung, Tröstung oder Nahrung — wie im Sterben.*

*Geduld lehrt uns, mit unseren Wünschen weniger impulsiv zu sein und dafür offener für die Stille in uns. Die Geduld schaut zu, wenn wir mit unseren Gefühlen ringen. Die Geduld beobachtet alle unsere inneren Kämpfe, bis wir ihren Frieden annehmen. Wir sind eingeladen, in allem geduldig zu sein. Geduld im Leiden lindert den Schmerz und nimmt uns die Angst, er könnte ewig dauern. Geduld im Glück freut sich an dem, was ist, und zerstreut unsere Befürchtung, es könne zu schnell enden. Geduld macht uns bereit für das Herz der Stille.*

Wir werden geduldig mit unseren Kindern, Eltern, Freunden und mit unserer Arbeit, wenn wir die Tiefen der Geduld erspüren, die die Stille für uns hat. Geduld läßt uns langsam werden, wo wir es eilig haben, leitet uns zur Demut, wenn wir versucht sind, unseren Kopf durchzusetzen. Geduld kann uns öffnen, so daß wir spüren, wie sehr die Stille schon mit uns ist und wie sehr für unsere wahren Bedürfnisse gesorgt wird. Geduld ist kein blindes, sondern höchst bewußtes Annehmen. Jeder Akt der Geduld ist ein Schritt zur Ganzheit hin, wo wir nicht Opfer der Ereignisse sind, sondern Kinder der inneren Harmonie.

Geduld zu üben ist ein ganz bestimmter Weg in die Stille. In unserer Geduld vereinen wir uns mit der Liebe und dem Zeitplan der Stille. Als Geduldige werden wir in den Willen der Stille geführt, und das Leben ist nicht mehr so geschäftig und bedrängend. Geduld öffnet uns immer Türen zu anderen Erfahrungen. Während wir warten, sitzen wir nicht nur da! Unsere Geduld bringt uns in größere Harmonie mit dem Leben; in dem Maße, wie wir Geduld üben, öffnen wir uns dem Frieden, dem Wunder und all den anderen Gefühlen, die weit weg von Frustration zu Hause sind.

## Widerstand

Geduld macht uns weich, so daß wir mehr von unserem inneren Wesen spüren; sie hilft uns, uns unseres Widerstandes gegen das Leben bewußt zu werden, gegen ein Leben voll der Vollkommenheit der Stille. Oft widersetzen wir uns aus Gewohnheit dem, was gut für uns wäre, wir wissen es vielleicht nicht besser. Unser Streben nach Ganzheit soll uns helfen, uns dessen bewußt zu werden.

Widerstand heißt „nein" sagen, wenn ein „ja" mehr Liebe bedeuten würde. Widerstand heißt aufgeben oder zurückweichen, wenn Stillstehen oder Vorwärtsgehen mehr Licht, mehr Wahrheit in eine Lage bringen würde. Widerstand hält an unseren Problemen fest, statt den Beteiligten zu verzeihen und der Fürsorge der vollkommenen Gegenwart zu vertrauen. Widerstand läßt uns da bleiben, wo wir sind, obwohl wir wissen, daß wir Liebe empfangen und anderen geben könnten. Jedesmal, wenn wir uns an der Stille reiben, ist unser Widerstand da und unsere Bereitschaft, uns der inneren Liebe anzuschließen. Unser Widerstand verwandelt sich in Bereitschaft, wenn wir die Stille einladen, mit uns zu sein. In dem Maße, wie wir die stille Welt in unser Leben einbeziehen, gibt es immer weniger, dem wir uns widersetzen müßten.

*Widerstand gegen irgendeinen Menschen oder irgendeine Erfahrung ist Widerstand gegen einen Teil von uns selbst, denn alle Teile des Lebens hängen in der Stille zusammen. Die Liebe der Stille bringt gerade diesen Menschen oder jene Erfahrung zu uns. Wir sind aufgefordert, jeden Menschen und jede Erfahrung zu lieben, bis aller Trennung ein Ende gesetzt ist. All die Liebe in der Stille ist mit uns und steht bereit zu unserer Hilfe.*

In dem Maße, wir wir die Widerstände überwinden, strömt Liebe in unser Herz. Der Strom der Lebenskraft, der aus dem stillen Brunnen in uns gespeist wird, fließt stärker. Die unsichtbaren Heerscharen der Liebe in der Stille sind ganz nah bei uns und helfen uns, anderen zu verzeihen und die Hindernisse zu lieben, die vor uns liegen. Je größer das Hindernis, desto mächtiger wird die Liebe der unsichtbaren Reiche in uns sein.

Ein Leben voller Hindernisse ist vielleicht ein Leben, in dem die Stille viele Male versucht, die Angst heimzubringen in die Sicherheit der reinen Gegenwart. Jede Seele ist aufgerufen, dem Weg zu folgen, der vorwärts ins bewußte Leben führt. Viele große Seelen beugen sich einem Leben voll gewöhnlicher und ungewöhnlicher Schwierigkeiten — nicht aus Schwäche oder Kompromißsucht, sondern weil sie es bewußt annehmen. Diese Seelen nehmen der Stille wegen mehr auf sich; deshalb gewährt ihnen die Stille einen so starken Halt, daß ihn nichts erschüttern kann. Der Weg des bewußten Seins und des Überwindens unserer Widerstände kann uns völlig in die Stille bringen. In unseren Spannungen und Kämpfen liegt die Freude um das Wissen, daß wir nicht allein sind und daß jeder Widerstand, den wir überwinden, für uns alle überwunden ist.

## Leiden

Unser Widerstand bringt uns zu unserem Leid. Das Leiden hat den Sinn, uns zu dem Raum in uns zu führen, wo es kein Leid mehr gibt, weil dort die Heilung vor sich geht. Unser zerbrochener Körper und unsere verwundete Persönlichkeit haben nur eins im Sinn, uns zur reinen Liebe unserer Seele zurückzuführen. In der Liebe der Stille wird alles Leid in Frieden umgewandelt. Anstatt das Leid zu leugnen oder es besiegen zu wollen, können wir uns von ihm zu einem neuen Ort in unserem Innern leiten lassen, wo es nur noch die lautlose Gegenwart gibt.

Für den Mönch oder Mystiker kann Leid ein ausgeprägter Weg in die Stille sein. Schmerz, der die Nerven unseres Körpers durchzuckt, kann uns in den großen Leib der Stille führen. Der nackte Körper wird zum mystischen Leib, wenn wir das Leid unseren Boten sein lassen, der uns zur Stille trägt. Die Todkranken und Sterbenden fühlen die friedvolle Liebe herannahen, wenn sie allmählich ihre

Verletzlichkeit und Nacktheit annehmen. Ihr bewußtes Sich-Ergeben ist ein Sich-Öffnen für den inneren Frieden, keine Kapitulation.

Wir können leiden und immer wieder leiden, wenn wir an zwei Orten gleichzeitig sein wollen, statt einfach nur zu *sein.* Wenn wir krank sind beispielsweise, stehen wir oft in der Versuchung, weiter tätig zu sein, auch wenn unser Körper ausdrückt, daß er Ruhe und freundliche Zuwendung nötig hat. Schmerz kann die Energie sein, die uns zur Aktivität antreibt, während unser Körper sich nach Entspannung und Beruhigung sehnt. Ungelöste Schwierigkeiten mit einem Partner oder bei der Arbeit können zu scheinbar endlosen körperlichen Schmerzen führen. Schmerz kann aber auch einfach nur die Energie sein, die wir verleugnen und die unser Körper prompt zum Ausdruck bringt. Leid hat einen Sinn, wenn es uns fragen läßt, wo wir in der Stille sind. Unser Leid kann uns zur Ruhe bringen, in die Stille, in die Gegenwart der inneren Harmonie. Der Weg des Leidens kann uns in das Innerste Wesen führen, wo die reinste Liebe gegenwärtig ist.

*Leid zeigt uns unsere Grenzen, unsere Grenzen ohne die Stille.*
*Hier kann die Stille uns die Grenzenlosigkeit der Liebe lehren.*

Leid verbindet uns mit allen leidenden Wesen, die ernsthaft ihren Platz in der lautlosen Welt suchen. Gemeinsam können wir lernen, der Liebe der Stille ein Heim zu bieten, wo die einfache Gegenwart willkommen ist. Der Ort unseres Schmerzes kann buchstäblich dort sein, wo wir lernen, die reinste Liebe der Stille einzuladen. Wenn wir uns unsere Widersprüchlichkeiten verzeihen, Geduld üben und bereit sind, auch unsere Widerstände zu vergeben, schaffen wir eine innere Struktur, die sich unserer Schmerzen liebevoll annimmt. Das Kloster ohne Mauern bietet ein volles inneres Leben, das für alle Erfahrungen offen ist und uns erinnert, daß Erfahrungen heilig sind. Schmerz zieht unsere Aufmerksamkeit auf sich. Doch statt uns zusammenzuziehen, können wir, wenn wir bewußt genug sind, wieder weit werden, wenn wir die Stille in uns spüren. So wie Schmerz unsere Trennung vom Frieden und von der Stille ausdrückt, bedeutet unsere Heilung die Ganzheit, die die Stille schenkt. Schmerz läutert unser Verlangen, bis nur die wahre Liebe uns berührt. Bewußtheit im Leiden schafft der Stille ein bewußtes Heim in unserem Inneren. Jede neue Beschwerde wird zu einem neuen Platz, wo die reine Gegenwart eingeladen und willkommen geheißen wird.

Der Körper führt uns durch körperliches Leid zur Stille dahin, wo es keinen Körper gibt. Leid kann ein Teil der Erfahrung auf dem Wege zu vollkommener Freiheit sein. Unsere Sinne, Gefühle und Gedanken geleiten uns zu den verborgenen Freuden der Stille, die nur der Körper uns zeigen kann. Unsere Seele trägt die Erinnerung in sich, daß sie nach dem Bilde Gottes geschaffen ist. Deshalb ist, ganz gleich, wie die Umstände sind, alle Macht der Schöpfung mit uns, all die Liebe des unerschaffenen Seins, die jede Situation verwandeln kann. Keine Herausforderung, keine Behinderung oder Krankheit ist größer, als wir es in der Stille sind.

*Das traditionelle Kloster kann uns erinnern, daß Leid ebenso seinen Platz hat in den vielen Jahreszeiten des Lebens wie Freude und Frieden. Wenn unser Körper zerbrochen, unser Magen leer oder unser Herz einsam ist, kann uns das einen Weg in die heilige Stille zeigen. Solche Zeiten können uns unvergeßlich einprägen, daß eine Lebensweise, die nicht in der Stille wohnt, schmerzhaft, ja in Wahrheit unerträglich ist. Diese Zeiten können schwer auf unserer Seele lasten, bis wir erkennen, daß ein Leben, das sich nicht der Seele öffnet, unwahr wird. Leid gibt unserem Leben neue Richtung und läutert unsere Gefühle, Hoffnungslosigkeit bringt das neue Leben hervor. Im Kloster ohne Mauern wird alles Leid heilig gehalten.*

*Nun kann der Glaube uns dahin bringen, die vertrauteste Liebe, den Frieden der Stille, kennenzulernen.*

## Krankheit und Heilung

Im Kloster ohne Mauern hat jede Krankheit ihren eigenen verborgenen Weg in die Stille. Zwei Menschen, die an denselben Beschwerden leiden, können verschiedene Lehren aus ihnen ziehen und verschiedenen Wegen folgen, auf welche die Krankheit sie hinweist. Zunächst zieht sie unsere Aufmerksamkeit auf sich und lenkt uns von unserer gewohnten Routine ab. Im Verlaufe unserer Heilung führt uns die Krankheit dann weiter auf einem Weg, den wir anders nie kennengelernt hätten. Abträgliche Gewohnheiten und gewisse persönliche Eigenarten verändern sich vielleicht zum Besseren. Vielleicht sehen wir Freundschaften der Vergangenheit und der Gegenwart plötzlich in einem neuen Lichte. Einfachheit und Vergebung können an Bedeutung gewinnen. Vielleicht sind wir jetzt dankbar für unsere frühere Gesundheit, erlangen friedliche Gefühle Einfluß auf unseren Körper und auf verschiedene Bereiche unsers Lebens. Wenn wir unserem inneren Wege folgen, können Schmerzen und andere Krankheitszeichen uns in größere Tiefen und zu weiteren Horizonten in der Welt der Stille führen. Krankheit kann bewirken, daß wir unser inneres Wesen besser spüren und für unser ganzes Leben ein besseres Gefühl entwickeln. Krankheit und Heilung markieren die Grenze zwischen unseren Körpern und der Liebe in der Stille.

Die feinen Botschaften des Körpers führen uns vielleicht zu der feinen Gegenwart der Stille. Wenn wir krank sind, bringt die einfache Gegenwart jenen Teil von uns zur Ruhe, der nicht mehr geschäftig sein kann. Durch Krankheit reibt sich die Stille an unserer Routine, an unserem normalen Bewußtsein, bis wir reagieren und mehr von unserem Wesen öffnen. Wir erlangen Weisheit darüber, wie wir besser für uns sorgen können. Krankheit spiegelt uns unser körperliches Ungleichgewicht, unsere schlechte Ernährung, unseren Mangel an Bewegung oder unser hektisches Lebenstempo. Krankheit führt uns unsere Wut, unseren Groll und unsere Schuldgefühle vor Augen, all jene Regungen, die wir so schwer annehmen. Krankheit kann ein Ergebnis davon sein, daß sich zu viel Lärm und Streß in uns gehäuft hat, den das feine Instrument, das unser Körper ist, nicht mehr ertragen kann. Unser ganzes Sein ruft nach dem reinen Klang der Stille. Während der feine Ton der Stille uns widerhallt, zieht Krankheit unsere Aufmerksamkeit auf sich und ruft uns auf, mehr von uns anzunehmen. Die Stille ist allgegenwärtig und bereit zu helfen.

Menschen, die eine lange und schwere Krankheit zu ertragen haben, entwickeln oft ein besonderes Verhältnis zur Stille. Sie werden so empfindsam für den Frieden und die Stille, wie andere es niemals kennen. Sie entdecken, daß die Augenblicke des Schmerzes sich verringern, wenn sie sich in die Ewigkeit der Stille erweitern. Die Liebe in der Stille zu umfangen bedeutet nie, das Leben aufzugeben, vielmehr das Gegenteil. Indem wir mehr in der Gegenwart leben, hilft uns der Frieden der Stille, bewußter zu sein, offener und wacher für die Liebe. Die Stille zu umfangen bedeutet weder uns aufzugeben noch etwas zu bekämpfen. Wenn wir eine Krankheit bekriegen, streiten wir wider uns selbst, anstatt uns auf die Heilung einzustellen. Der Körper sehnt sich schmerzlich nach Annahme und liebevoller Sorge, nicht nach noch mehr Kampf.

Kranke sind insgeheim Mönche und Mystiker. Dank ihrer Verletzlichkeit so nahe ihren körperlichen Grenzen, machen sie es ihrer Seele leicht, sie zu überschreiten. Krankheit ist voller Gelegenheiten, weniger geschäftig zu sein und dafür offener dem einfachen Leben. Kleine Dinge — ein Spaziergang, ein Gespräch — können zu einer Welt der Stille führen. Wir können uns der Führung widersetzen, aber wir können Krankheit und Heilung auch als eine Zeit betrachten, wo wir stärker mit unserem heiligen Selbst verkehren. Das Unbehagen, das uns niederdrückt, drängt uns in die Stille. Indem wir unsere Normen und unsere Alltagsmaske ablegen, kann sich die Stille an einem neuen Leben beteiligen, an einer neuen Identität, die unserem wahren Wesen mehr entspricht.

Für den Mönch oder Mystiker in uns ist es nicht so wichtig, ob und wieviele Medikamente wir einnehmen. Die wichtigere Frage ist, ob wir die Krankheit als Gelegenheit benutzen, näher bei der Liebe der

Stille zu leben. Arzt und Operation stellen vielleicht genau die Liebe in der Stille dar, die gerade für uns bestimmt ist. Krankheit ruft uns auf, die Liebe anzunehmen, woher sie auch immer kommen mag.

Wenn wir anfangen, Krankheit anders wahrzunehmen, erkennen wir, daß alle Heilung in der Stille geschieht, ganz gleich, wieviel Technik oder Arznei daran beteiligt gewesen sein mag. Manchmal ist es eine wichtige Lehre für uns, Behandlungen zu bekommen, damit wir lernen, liebevolle Fürsorge von anderen anzunehmen. Es ist nicht entscheidend, ob wir moderne Behandlungsmethoden annehmen oder nicht, sondern ob wir uns dazu entschließen und verpfichten wollen, ein Leben voll der heiligen Augenblicke der Stille zu leben, voll der Heiligkeit, nach der sich unser Körper so schmerzlich sehnt.

*Der Teil unseres Körpers, der krank ist, kann uns zeigen, wo wir der Stille bedürfen. Ein Sportler, der sich eine Verletzung zuzieht, soll vielleicht Frieden mit seinem Körper schließen, gleichgültig, ob er zum Sport zurückkehrt oder nicht. Geschäftsleuten, die Probleme mit dem Herzen haben und gewöhnlich zu beschäftigt sind, sich um ihre Familie und ihre Lieben zu kümmern, wird durch die Krankheit buchstäblich der Wert ihres Herzens — und ihrer Beziehungen — gezeigt. Menschen, die ihre Wut nicht akzeptieren können, bekommen vielleicht Magenschmerzen, Kopfschmerzen oder sogar Krebs. Die verleugnete Wut, die ihr Körper zum Ausdruck bringt, schreit nach der freundlichen Aufmerksamkeit, die die Stille für uns bereithält. Während wir auf Heilung warten, kann das Ungemach ein Ruf in die Stille sein. Wir können es uns wie eine Antenne vorstellen, die die nötige Liebe aus der Stille empfängt. Je stärker der Schmerz, desto wichtiger ist es, ihm unsere Aufmerksamkeit zu schenken, während wir nach der Stille in seinem Inneren suchen. Schmerz repräsentiert das Zusammenleben unseres Bewußtseins; durch unsere Meditation und unser Gebet dehnen wir es wieder aus und entdecken staunend, daß unser inneres Wesen so viel größer ist, jenes Wesen, das noch lange weiter besteht, nachdem der Körper nicht mehr bei uns ist. Jede Krankheit kann eine Gelegenheit sein, innezuhalten und den Frieden und die Ruhe zu spüren, die wir sonst nicht merken und nicht schätzen. In der Stille harrt der Friede, der uns durch die Liebe heilt.*

In den alten Klöstern und Kulturen, wo es wenig Ärzte und Arzneien gab, wurden Heiler dazu ausgebildet, die Stille zu verkörpern. Krankheitssymptome wurden als Verlangen des Körpers nach der Liebe gedeutet. Durch Handauflegen, Rituale oder einfaches Zugegensein bot der Heiler dem Patienten die Liebe der Stille an. Unser technologisch bestimmtes Denken erlaubt uns nicht, diese Fähigkeiten zu *verstehen.* Aber wenn man die Krankheit als eine Seele betrachtet, die ungeduldig an die Tür des Lebens klopft, bekommen Heilung und Kloster ohne Mauern eine neue Bedeutung.

Wenn Krankheit die Trennung vom Leben ausdrückt, stellt die Stille unsere Verbindung zu uns selbst wieder her, unsere Verbindung zueinander und zur Erde. Wenn unser eigener Wille begrenzt ist, gibt uns Krankheit die Gelegenheit, einen größeren Willen zu suchen. Wenn wir selbst nicht mehr können, haben wir Gelegenheit, dem Können der stillen Bereiche in uns zu vertrauen. Heilung kann der ganz bestimmte Weg in die Stille sein, zu dem unsere Seele uns führen möchte. Der Zusammenbruch des physischen Körpers kann uns dazu bringen, den geistigen Körper aufzubauen.

Von der Stille aus gesehen, ist ein gesunder Mensch nicht unbedingt auch heil, genauso wie ein kranker Mensch spirituell ganz gesund sein kann. In der Stille existiert nur das Licht der Seele.

## Tränen

In unseren Sorgenzeiten möchte die Stille uns daran erinnern, daß unsere Tränen mehr sind als nur Wassertropfen. In jeder Träne liegt die Erinnerung an die Unschuld und die Gegenwart der Liebe in der Stille.

*Es gibt die Tränen der Eltern und die Tränen der Kinder, Tränen um andere und um die eigene Seele. Es gibt Tränen der Freude und der Trauer, Tränen um die Zukunft, die nicht geschehen wird, und Tränen um vergessene Zeiten. Es gibt erste und letzte Tränen, Tränen ohne Ende. Es gibt Tränen um die, die nicht weinen können, und um jene, deren Tränen nicht enden wollen.*

*Es gibt Tränen im Wind, in der Kälte und in der Sonne, Tränen in Gemeinschaft und Tränen alleine in der Nacht. Es gibt Tränen um kleine Dinge und um große. Es gibt die Tränen der Kinder und der Alten — vielleicht weil beide ihren Gefühlen und ihren Tränen so nahe sind. Wir vergießen Tränen um alles in der Natur, für das wir zu fühlen bereit sind; wir vergießen sie um jede Art von Schmerz und Aufregung. Und die Liebe in der Stille weiß als vollkommene Mutter, worum wir weinen. Wir weinen darum, daß wir nicht genug, und darum, daß wir zuviel besitzen. Wie viele der großen Heiligen weinte der Heilige Franziskus immerzu. Er weinte in der vollkommenen Freude der Stille und wenn er sich verloren fühlte und weit weg von der stillen Schönheit wähnte. Die Leben der Heiligen sind Leben inspirierter Stille. Sie können uns zu Tränen rühren und bewirken, daß wir uns nach Tränen sehnen. Mit Tränen enden Leben herz-erfüllten Wunders nie, weil sie stets neu beginnen.*

*Wir weinen zu allen Anlässen und auch dann, wenn uns einfach nur nach Weinen ist. Tränen sind das Blut der Seele, sind ein heiliger Ausdruck der Stille. Und wenn die Tränen einfach nicht enden wollen oder wenn es keinen Grund mehr für sie gibt, laßt uns daran denken, daß jede Träne unser aller Träne ist, besonders derer, deren Augen trocken bleiben.*

*Bete darum, immer weinen zu können, bitte um immer neue Wunder, die dich zu Tränen rühren. Vielleicht bist du die Seele, deren „Gipfeltreffen“ mit Gott im Weinen liegt! Solch eine Seele bedarf keiner Ausreden mehr,* nicht *zu weinen.*

## Tod

Im Kloster ohne Mauern ist der Tod nichts, was man verleugnen müßte. Er ist unser letzter Schritt in die Stille. All die kleinen Tode auf dem Wege, der Verlust von Jugend, Arbeitsplätzen, Beziehungen und physischer Gesundheit, sind kleine Schritte in dieselbe Richtung. Indem wir üben, uns der Stille anheimzugeben, wird der Tod uns weniger erschrecken. Er ist gewöhnlich das letzte Geschenk der Stille. Wenn wir uns schließlich ganz und gar der Liebe in der Stille preisgeben, ist nichts mehr übrig, was unsere Aufmerksamkeit ablenkt. Eine ungeheure Liebe, ein strahlendes Licht warten auf der anderen Seite unserer Unabhängigkeit von der Stille. Verwandte und Freunde, die die „Reise" vor uns abgeschlossen haben, warten darauf, wieder mit uns zusammen zu sein. Wenn der Vorhang der Trennung gehoben wird, ist das reine Bewußtsein, unsere wahre Ganzheit, die wir im normalen Leben nur gelegentlich erfahren, gegenwärtig. Wir werden uns so vieler Dinge, so vieler Dimensionen auf einmal bewußt. Statt unseren Körper zu verlieren, wie wir so oft befürchten, gewinnen wir ihn endlich ganz, natürlich nicht als physischen Leib, sondern als Körper unserer Seele. Wir sind in eine Dimension zurückgekehrt, wo unsere Ganzheit zählt und angenommen ist. Unglücklicherweise sind die meisten von uns nicht vorbereitet auf den Übergang, der im Tode vor sich geht. Die Heftigkeit dieser Erfahrung vollständigen Annehmens im Tode überwältigt uns vielleicht. Der Berührung mit unserer Seele entwöhnt, kämpft unser Bewußtsein darum, zu verstehen und einzuordnen, was da geschieht oder geschehen könnte. Inzwischen gehen die vielleicht schönsten Augenblicke im Sterben vorüber, und wir sind nicht imstande, den neugefundenen grenzenlosen Frieden zu genießen.

Unser spirituelles Leben bereitet uns auf den Neubeginn des Todes vor. Ob wir uns gut von unserem Körper, von Menschen und von unserer Umgebung lösen können, hängt davon ab, wie nahe wir der Stille gekommen sind. Unser geistiger Körper braucht die Übung des täglichen „Heimkommens" in die Stille, des Loslassens von allem, was uns beschäftigt und unsere Aufmerksamkeit gefangenhält. Alles, womit wir uns verbunden fühlen, stellt unsere Wirklichkeit dar. Wie soll also der Tod ein Übergang in das goldene Herz der Stille sein, wenn wir uns niemals Zeit genommen haben, es während unseres Lebens auf der Erde kennenzulernen? Unsere Seele muß üben, mit den Eigenschaften der großen Stille „in Berührung zu bleiben" — mit Demut, Vergebung, Frieden und Liebe. Deshalb müssen wir täglich jede Beziehung, jedes Vorhaben in unserem Leben vollständig abschließen. Wenn wir Gefühle aus vergangenen Beziehungen nicht verarbeitet haben oder ständig damit beschäftigt sind, neue Dinge zu wollen, sind wir von der Liebe und dem Frieden abgelenkt, die unsere Seele in der vollkommenen Stille anzubieten hat. Wenn wir Übung darin haben, für die Liebe in der Stille offen zu sein, wird der Tod zum letzten Akt vollständiger Hingabe an die Sanftheit des Intimen Wesens.

Der Tod ist unsere Geburt in die liebende Fürsorge der unendlichen Stille. Wenn wir nicht üben, die innere Ruhe zu spüren, die uns jetzt in der Stille zur Verfügung steht, sind wir später nicht auf solches Licht und solche Gnade vorbereitet. Jedesmal, wenn wir bereit sind, unsere physischen und emotionalen Verwirrungen loszulassen, und üben, uns, als ob wir sterben würden, der Stille zu ergeben, können wir die sorgende Stille in uns noch mehr genießen. Wir bereiten uns auf die liebenden Arme vor, die uns helfen wollen, die stille Schönheit anzunehmen, wenn wir bei der letzten Trennung loslassen.

Jedesmal, wenn eine Seele das Tor zur anderen Seite durchschreitet, geht etwas von der Last mit, die sie im Leben getragen hat. Jeder Mensch bringt ein wenig von der Getrenntheit, ein wenig von dem Lärm der Welt mit durch das Tor in das unendliche Licht, die große Ganzheit in der Stille. Jedes Leid wird an der Schwelle des Todes zu einer Gabe, die die Seele auf sich genommen hat, um sie der Liebe der Stille zu überreichen. Leid strebt nach der Läuterung: Der Lärm der Welt, den wir noch in uns tragen, wird in Stille verwandelt. Diese Läuterung geschieht nicht nur für diese eine Seele, sondern für uns alle, für alles, was vom Reich des Friedens noch getrennt ist. Nach dem letzten Schritt, dem letzten Loslassen, kommt die ungetrübte Freiheit früh genug. Jeder Schritt zur letzten Harmonie gelingt vollkommen, ganz gleich, wieviele unerledigte Geschichten dieser Erde uns noch verbleiben.

Wir können den Weg der Seele niemals nach ihrem physischen Leben beurteilen. Nur das reine Herz der Stille kennt alle Einzelheiten unserer Reise. Viele der größten Seelen in der Stille führten scheinbar die allergewöhnlichsten menschlichen Leben, doch schenkten sie mit ihrem einfachen Wesen dem Wirken der Liebe in der Stille täglich mehr von sich.

*Das Reich der Stille hat seine eigene Sicht und seine eigene Art, das Leben, wie wir es kennen, zu bewerten. Das Leben, das wir so ernst nehmen, ist nur ein embryonischer Zustand im Verhältnis zum unendlichen Leben in der Stille. Der Tod ist nur ein Augenblick vor der Geburt zur langen Weiterreise der Seele. Der Tod ist das letzte Verlassen unseres physischen „Hauses", das unserer Seele als Gefährt für bestimmte Erfahrungen und Lernprozesse gedient hat, die wir sonst nicht hätten machen können. Hierin liegt der große Wert des Körpers und des Lebens in der materiellen Sphäre. Wie wertvoll es ist, einen physischen Körper zu haben, können wir nur erkennen, wenn wir mit der Quelle allen Lebens in der Stille verbunden bleiben. Unser Sterben ist nur das Sich-Zusammenziehen des Physischen, bis wir in die geistigen Bereiche entlassen werden. Da es die Liebe der Mutter ist, die uns unseren Körper schenkt, und die Liebe des Vaters, die uns jeden Atemzug gibt, können wir sicher sein, daß Sie und Er im Augenblick des Todes uns empfangen und leiten werden. Die Seele, die für die Stille lebt, spürt die Unterstützung der Mutter und des Vaters und kann sich in die nächste Phase des Lebens ruhig fallen lassen. Für eine solche Seele ist dieser große Schritt kaum merklich, weil sie all die kleinen Tode, die Verluste und die Veränderungen des Lebens, bereits so gründlich angenommen hat.*

Im Kloster ohne Mauern bringen wir jede Phase des Lebens zu der ihr eigenen Heiligkeit zurück. Von Geburt an verlangt jede Jahreszeit des Lebens neue Achtung und einen neuen Blickwinkel auf das, was wirklich vor sich geht. In Kulturen, wo das Wissen um die Stille verschwunden ist, haben die Menschen vor dem Tode Angst. Viele der Krankheiten unseres Körpers, viele der Gebrechen unserer Gesellschaft kommen aus unserem verzweifelten Widerstand gegen den Tod. Unser Verleugnen des Todes ist Teil der Erosion der Stille. Unser inneres Leben bleibt verborgen, hungrig, unentwickelt, unerreichbar. Die unverarbeitete Angst vor Trennung, vor dem Tode, führt nur dazu, daß wir uns immer weiter abgeschnitten fühlen, ohne Not! Menschen, die sich erlauben, die Gegenwart des Todes zu fühlen, werden offen für das Leben mit all seinen Geschenken und Übergängen. Das Kloster ohne Mauern dient allen Seelen, die im Übergange stehen. Die Erfahrung des Heiligen ist es, die uns hilft, lächelnd in das unbekannte Leben hineinzuschreiten, und ganz besonders in die letzte Nacht, welche die Stille in uns erweckt.

## Mut

Das Kloster ist der Ort des Mutes, der uns Vertrauen schenkt, das Leben und jede seiner Jahreszeiten voll zu leben. Wir haben allen Grund, dem, was das Leben bringt, voll zu vertrauen, denn die Stille ist der Quell des Mutes, der uns Kraft gibt.

Dieser Mut ist etwas, aus dem wir schöpfen können, zu jeder Zeit! Er ist eine ganz besondere Kraft, die wir anrufen können, wenn wir uns gerade völlig unfähig fühlen. Uns wächst Mut zu, eine größere Kraft gesellt sich zu uns in dem Augenblick, wo wir die Hand nach unserer Kraft ausstrecken, auch wenn wir ungewiß sind, ob es genügen wird. Ob wir mit der Stille sein können, hängt davon ab, ob wir den Mut finden, uns zu öffnen und alle möglichen Dinge zu erleben, die wir nie zuvor vermutet haben.

Mut kommt aus der vollkommenen Stille. Er wohnt in der Stille der Berge und der Wälder. Er ruht in der Stille am Grunde des

Ozeans. Vor jedem Altar haucht die Stille uns Mut ein. Wir können soviel Mut bekommen, wie wir brauchen: das große Bewußtsein hat einen unerschöpflichen Vorrat an Mut.

*Im Kloster ohne Mauern wohnen auch die Heimatlosen, die Armen, die Menschen in Gefängnissen und Spitälern, die Sterbenskranken — all die Unerwünschten, die den Mut der Stille tragen helfen. Wir bezeugen, daß sie im Garten sind, in dem die Stille Mut pflanzt. Trotz ihrer geringen Chancen spüren sie die Quelle ihrer Kraft in ihrer Heimat, in der Erde unter ihren Füßen und dem schlichten Mut, den die Stille ihren Herzen nahe hält.*

Mut ist Backstein und Mörtel des einfachen Lebens. Die Stille der tiefen Wälder, der hohen Berge und der großen Ozeane speichert den Mut, der jedem von uns zur Verfügung steht. Die Einheit der Liebe lehrt uns, uns an die Stille zu wenden, um den Mut zu finden, den das Leben von uns will.

## Das Kloster

Da das Leben der Mönche und Nonnen von einem so mystischen Schleier umgeben ist, vergessen wir leicht, daß das Göttliche nicht nur durch ein religiöses Leben zu finden ist, sondern auch dadurch, daß wir uns der menschlichen Aspekte unseres Lebens bewußter werden, unserer Kämpfe und Ängste, unserer Einsamkeit, unserer Krankheiten und schließlich unseres Todes. Die großen Mönche und Nonnen lebten so, daß jeder Tag und jede Beziehung von der Gegenwart der Stille erfüllt waren. Sie begründeten die Tradition, unser gewöhnlichstes Leben heilig zu halten, einfach weil unser Leben so gewöhnlich ist. Sie lebten in Einfachheit, weil die Stille ihre ganze Aufmerksamkeit erforderte. Es gab keine Zeit und keine Notwendigkeit, für viele Besitztümer zu arbeiten, keinen Grund für viel Geschäftigkeit. Das Leben war kostbar und erfüllt von besonderer Dringlichkeit, die Stille und die süße Liebe zu kosten.

Wir öffnen uns für unsere wahre Lebendigkeit und für die Fülle der Liebe in uns bei unserem täglichen Kampf ums Dasein: Wenn wir unsere Ängste, unsere Einsamkeit und Leere durchstehen, Stolz und Überheblichkeit fahren lassen und uns unserer Versuchungen bewußt werden um unserer richtigen Entscheidungen willen; wenn wir uns selbst annehmen, auf andere Menschen reagieren, mit unseren Widersprüchen umgehen und Geduld und Beständigkeit entdecken; und wenn wir leiden, erkranken und geheilt werden — bis zu unserem Tod. Das Kloster ohne Mauern reicht weit hinaus über all die Mauern, die wir uns im Leben errichtet haben, und erinnert uns daran, daß es noch viel mehr da „drinnen" gibt. Es liegt an uns: Sind wir wach und gegenwärtig, sind die Mauern um unser Leben nicht länger unsere Grenzen, sondern nur noch eine Mahnung, sie hinter uns zu lassen und die große Stille zu erforschen.

KAPITEL ACHT

# Weitere spirituelle Übungen

Das Kloster ohne Mauern gibt uns einen Raum für die Heiligkeit des Lebens und für seinen Schatten, für unsere täglichen Freuden und Herausforderungen. Wir finden den Schatz in der Stille oft Seite an Seite mit den negativen Erfahrungen, denen wir begegnen. Es ist unsere tägliche spirituelle Praxis, die uns führt. Während unserer täglichen Übungen webt die Stille ihre Goldfäden durch unser ganzes Sein.

Alles, was wir aus Liebe tun, bindet uns enger an alle Wesen und an die Stille. Jede spirituelle Übung, die nicht aus der Liebe kommt — ganz gleich, wie beliebt oder anerkannt sie sein mag — wird nur schwer einem Freunde in der innersten Stille begegnen. Wenn es uns um Freundschaft, Erfolg, Macht und anderes geht, nicht aber um die Liebe, dann werden uns diese Dinge durch unsere spirituelle Praxis vielleicht zuteil, aber nicht die Stille.

Jede Religion kennt klare Wege in die reine Stille. Die Frage ist nicht, ob wir einer bestimmten Religion den Vorzug geben, sondern wieviel Hingabe und Liebe wir unserem Weg entgegenbringen. Es gibt immer gute Gründe, bestimmte Religionen abzulehnen. Seien wir jedoch vorsichtig und verwechseln nicht die religiöse Institution mit dem Geiste in der Stille! Die größten Weltreligionen zeigen uns viele Wege, die gut erleuchtet und viel begangen sind. Manche Kirchen sind zum Beispiel intellektueller, andere eher kontemplativ. Es ist nicht so wichtig, welchen Weg wir schließlich einschlagen, sondern wie sehr wir uns *verpflichten,* die Liebe im Herzen der Stille zu finden.

## Spirituelle Gelübde

Im Kloster sind es die Gelübde, die die Mönche oder Nonnen durch die dunklen Zeiten ihrer Seele zu den vielen Gaben führen, die ihnen das Einssein mit der Stille schenkt. Die spirituellen Gelübde stiften die Ehe, das Band zwischen dem Herzen der Stille und den täglichen Entscheidungen. So, wie Mönche oder Nonnen die Stille durch ihre Verpflichtung gegenüber der Gemeinschaft entdecken, können wir den Reichtum der Stille durch unsere Verpflichtung gegenüber unserem Partner oder unserer Familie entdecken. Jede Verbindung von Menschen, ganz gleich in welcher Form, bietet die gleiche schöne Möglichkeit, in der Stille eins zu sein, und dieselbe Versuchung, sich zu trennen, wenn die friedliche Stille gebrochen wird oder weit weg zu sein scheint. Spirituelle Gelöbnisse können uns in die Einheit mit der vollkommenen Stille führen. In schwierigen Zeiten sind Mönche oder Nonnen genau so versucht, ihre Orden zu verlassen oder sich einer anderen Gemeinschaft anzuschließen, wie Ehepartner, die sich der Hoffnung hingeben, die Freiheit oder ein anderer Partner mache es ihnen leichter, ein besseres Leben zu führen. Die Erinnerung an unser Gelöbnis kann uns über Zeiten hinweghelfen, wo wir das Gefühl haben, unsere Gemeinschaft oder unser Partner stünde zwischen uns und der Stille. Unser Gelübde wird unsere Demut stärken, wenn wir um die Hilfe und die Freundlichkeit bitten, die wir suchen.

Unsere Beziehungen spiegeln unser inneres Leben, unser Leben mit der Stille. Kein Bruder und keine Schwester, kein Partner und kein Kind kann uns geben, was wir nicht bereit sind, uns selbst zu geben. Die Antworten, die wir suchen, liegen letztlich in uns selbst und in der Stille. Wenn wir uns an unsere geistigen Gelöbnisse erinnern, hilft uns das, innezuhalten und das sanfte Streicheln der Stille zu spüren. Wenn wir uns unserem Gelübde verpflichtet fühlen, trägt uns das vielleicht durch unsere jetzigen Schwierigkeiten, indem es uns an vergangene Herausforderungen erinnert, die wir längst bestanden haben. Ehegelöbnisse, die wir vor einem Partner oder im klösterlichen Leben ablegen, bekunden wir nicht ein für allemal und hoffen dann, sie würden dauern. Ein spirituelles Gelübde ist wie ein Siegel, durch das wir der friedlichen Gegenwart der Stille näherkommen und mit ihr verbunden bleiben. Jeden Tag gibt es an unserer Gemeinschaft oder unserem Partner etwas Neues zu lieben. Jeder Tag gibt der Stille Gelegenheit, uns ein neues Gesicht der Menschen zu zeigen, mit denen wir zusammenleben. Als Ehegatte oder als Nonne in einer Gemeinschaft konzentrieren wir uns nicht auf die Mängel des anderen, sondern sind einander eine Bastion der Liebe und Unterstützung in der Stille. Wenn wir diese große Verantwortung auf uns nehmen, erlaubt uns die Liebe in der Stille, den Menschen um uns her sehr nahe zu sein. Unsere Partner und unsere Gemeinschaft werden zu unseren besten Freunden, unseren Geliebten und unserem Zufluchtsort in der Stille. Wir sind die Manifestationen der Stille. Wenn wir den Mönch und Mystiker im anderen und in uns selbst erkennen, steigern unsere geistigen Gelöbnisse die Heiligkeit unserer Beziehungen.

*Spirituelle Versprechen sind seit Jahrhunderten geprüft worden. Jedes Gelöbnis lenkt unser Leben zum Leben unserer Seele hin. Jedes Gelübde bringt uns in Einklang mit dem Herz der Herzen, dem stillen Raum, wo nur die Liebe uns empfangen möchte.*

## Armut

Das Armutsgelöbnis ist für christliche und buddhistische Mönche von altersher ein Leitgedanke. Im Hinduismus wird dies Gelübde als Weg der Leere bezeichnet. Ein Leben, das an nichts haftet, wird offen für die Liebe und Wahrheit der Stille. Wenn wir nicht einzig für Besitztümer leben, gehören uns die wahren Schätze des Lebens. Im Osten wie im Westen entdeckten die Weisen über die Jahrhunderte hinweg, daß das Festhalten an dem wenigen, was wir vielleicht besitzen, bedeutet, das viele zu verleugnen, das mit uns sein könnte.

Wenn wir unser Leben damit zubringen, goldenen Traumschlössern nachzujagen, entgeht uns das goldene Herz der Stille, das jetzt für uns zugegen ist.

Der Weg der Armut ist von allen Wegen, die vollkommene Gegenwart zu suchen, jener, der vielleicht am meisten mißverstanden wird. Reich oder arm — wir alle besitzen irgend etwas, ob es nun ein großes Haus ist oder das Hemd, das wir am Leibe tragen. Die Frage ist, wieviel von unserem Leben wir darauf verwenden sollen, nach Besitz zu streben oder gar darum zu kämpfen. Wie gieren wir doch nach mehr, wie streben wir nach Ruhm und Ehre, anstatt Frieden in unseren eigenen Tiefen des Seins zu finden? Der Weg der Armut stärkt unseren Glauben. Jeden Tag haben wir die Wahl: Vertrauen wir dem Leben, das vor uns liegt, oder vergessen wir den Segen, der uns heute zuteil wird, und sorgen uns stattdessen um morgen? Sparen und speichern wir, was wir besitzen, oder verschenken wir, soviel wir können, im Wissen, daß die Stille unser großer Versorger ist? Das Armutsgelöbnis erinnert uns tagtäglich daran, daß die Schätze der friedvollen Stille die wahre Quelle unseres Reichtums sind.

Das Armutsversprechen bedeutet nicht, daß wir arm sind, sondern das gerade Gegenteil. Unsere Armut, unsere Leere, soll jeden Tag, jede Mahlzeit, unsere Freunde und die Besitztümer, derer wir uns erfreuen, zu einem größeren Schatze machen, der nicht selbstverständlich für uns ist. Wir entdecken auf dem Wege der Armut, daß nichts, was wir besitzen, „unser" ist. Alles ist Geschenk! Was wir heute vor uns haben, ist morgen vielleicht nicht mehr da. Deshalb danken wir im Namen der heiligen Armut und freuen uns an den Reichtümern des Lebens, die mit uns sind. Wenn unser Herz frei ist vom Streben nach Besitz, dann gehören uns die Erde, der Mond und alle Sterne. Welche Freude! Statt unserer engen Welt des Besitzes ist uns die ganze Welt zu Diensten!

*Das Armutsgelöbnis will uns nicht leiden machen, sondern offenbaren, an welches Surrogat der reinen Freude wir unser Herz hängen, mit welchem Ersatz wir uns zufriedengeben. Indem wir fühlen, daß wir allen Geschöpfen gleich und abhängig von ihnen sind, schenkt uns das spirituelle Leben der Armut nichts Geringeres als das volle Leben der zärtlichen Stille.*

Der Weg der Armut soll der Weg für uns sein, der uns auf den Reichtum der Liebe in der Stille einstellt. Jeden Tag können wir uns frei entscheiden. Wollen wir den Augenblick genießen, oder sind wir zu sehr damit beschäftigt, Dinge für andere Zwecke anzuhäufen? Leben wir einfach mit der Stille, die uns ganz nahe ist, oder sind wir besessen von den täglichen Zerstreuungen des Lebens? Sind wir zu stolz, uns für unsere Fehler zu entschuldigen und anderen die ihren zu verzeihen, oder können wir unseren Dünkel ablegen, um mit der Stille zu sein? Wie arm oder leer müssen wir sein, bevor wir zugeben, daß wir ohne die Liebe der großen Stille sind? Der Reichtum unserer inneren Welt enthüllt sich uns erst, wenn wir bereit sind, unsere wahre Armut zu entdecken.

Vielleicht ist es unmöglich, in einer Kultur des Überflusses das Gelübde der Armut einzuhalten. Der Überfluß, den wir täglich um uns haben, lenkt uns leicht ab und macht uns blind für die physische Armut der großen Mehrheit der Völker dieser Welt. Wir können uns leicht im Überfluß verstecken, können uns zeitweilig über unsere spirituelle Armut, unsere Ängste und unsere menschliche Nacktheit hinwegtrösten. Der Überfluß macht uns vielleicht begehrlich nach immer mehr Besitz, um mit unseren Nachbarn gleichzuziehen. Wie soll man in einer Kultur des Überflusses in Armut leben können? Wie sollen wir den reinen, einfachen Frieden finden, wenn so viele Dinge unsere Aufmerksamkeit erheischen? Der Geist der Armut bedeutet, daß wir das Leben, das uns jeden Tag geschenkt wird, nicht als selbstverständlich hinnehmen. Der Geist der Armut lädt uns ein, all unseren Reichtum wirklich zu schätzen, auch die Liebe, die wir in unserem Leben haben. Die bewußte Wertschätzung ist es, durch die wir Bewußtheit erlangen. Je mehr wir unser Obdach bewußt wahrnehmen, die Wärme, die es uns behaglich macht, die Maschinen, die uns das Leben erleichtern, die Nahrung, die uns Kraft gibt, desto mehr können wir unserem Armutsgelübde treu sein. Im spirituellen Sinne arm zu sein, bedeutet, die ganz gewöhnlichen Dinge des Lebens zu schätzen, uns darüber bewußt zu sein, wieviel wir haben, wieviel Liebe mit uns ist, die unsere menschliche Verletzlichkeit umsorgt.

## Keuschheit

Das zweite Versprechen, das christliche Mönche und Nonnen traditionsgemäß ablegen, ist das Keuschheitsgelübde. Es ist das Gelübde, in dem vollkommene Liebe und unser Bedürfnis nach Liebe zusammenwirken. Das Ziel der Keuschheit ist die reine Liebe. Dieses Ziel einfach in unserem Herzen zu halten, schenkt uns viele goldene Augenblicke.

*Keuschheit erstreckt sich, wie die Armut, über alle Bereiche von der Einstellung bis zum Handeln. Keuschheit ist die Liebe, die wir in Beziehungen als Brüderlichkeit erfahren und die sich im Handeln als Vergebung auswirkt. Keuschheit ist die Reinheit, die weiße Perle, die unser Leben erfüllen und uns ungehindert weit in das unverdorbene Bewußtsein tragen kann.*

In manchen Gegenden des Ostens wird das Verlangen nach Keuschheit als der Weg der rechten Absicht bezeichnet. Überall gehört die Keuschheit zum Mysterium der Liebesromanzen, in denen wir nach der Reinheit der Liebe streben, nur um zu merken, daß wir das Objekt unserer Liebe weder besitzen noch unser Verlangen aufgeben können. Keuschheit ist nicht dasselbe wie Zölibat, kann es jedoch einschließen.

*Viele Leute stehen dem Keuschheitsgelübde wegen des in ihm enthaltenen Zölibats sehr kritisch gegenüber. In Wahrheit suchen wir jedoch nach einem Weg, der uns die Unschuld der inneren Stille schenkt. Eine sexuelle Beziehung befriedigt nicht unser Verlangen, mit der Liebe eins zu sein. Liebe läßt sich nicht besit-*

*zen. Wenn wir sexuell sehr aktiv sind, stachelt das vielleicht nur unsere Wünsche auf und hält uns von der Stille getrennt, die schon gegenwärtig ist. Wenn wir versuchen, gar kein Sexualleben zu haben, ja, diese Ablehnung noch betonen, haben wir vielleicht dasselbe Ergebnis. Jedes Wesen muß die wahre Beziehung zu seiner eigenen Sexualität finden, zu jener körperlichen Lebenskraft, die aus der Stille ins physische Sein hineinkommt. Sexualität ist von der Stille nicht zu trennen, weil die Stille mit der Liebe verwoben ist. Gewiß befriedigt Wollust momentan und verstärkt doch unsere Wünsche, unsere Sehnsucht nach reiner Liebe, die die Keuschheit einschließt. Geschlechtlichkeit, die Treue hält, kann uns mit Gott in unserem Partner, mit Gott in unserer Gemeinschaft verbinden. Durch die Disziplin der Treue schenken wir der Stille in uns und im anderen mehr von uns, als wenn wir nach jemand Neuem suchten, den wir lieben können, wann immer unsere alte Beziehung schwierig wird. Keuschheit ist ein Aufruf zum Dienen, wo unsere Treue die schöne Ganzheit möglich macht. Diese Ganzheit schließt die Erfahrung von Einsamkeit in einer Beziehung ein und die Erfüllung des Verlangens durch Erlebnisse gemeinsamer Stille. Zwischen uns und unserem Partner waltet die Liebe in der Stille. In jedem von uns herrscht die Stille. Die einfache Gegenwart findet ihre wahre Heimat, wenn wir sie in die Tiefen unserer Lust hereinnehmen, in unsere persönlichsten Bedürfnisse, unsere Sehnsüchte, unsere Wünsche und in unser Wollen. Hier entwickeln wir die Beziehung zwischen unserer Sehnsucht nach Liebe und Gottes Sehnsucht nach uns, die in der Einheit wohnt. Hier entdecken wir das Geheimnis von Selbstsucht und Selbstlosigkeit, das aus demselben reinen Herzen kommt, dem Herzen der Keuschheit.*

Traditionelle Mönche und Nonnen verleugnen vielleicht einen Teil ihrer Ganzheit in der Stille, wenn sie der Sexualität aus dem Wege gehen. Viele zwingt der Ausschluß des Geschlechtslebens jedoch vielleicht, ihre Energie und Kreativität auf eine andere Weise auszudrücken, die sie zu einem größeren Weg der Ganzheit führt. So, wie das traditionelle Kloster zur Entsagung führen kann, führt das Kloster ohne Mauern möglicherweise zum Exzeß. Beides lenkt uns von der Keuschheit weg. Keuschheit, die schlichte Reinheit des Lebens in der Stille, ist nicht einfach eine Regel, der wir folgen oder nicht. Weder rücksichtslose Zucht noch sorglose Ungezwungenheit zähmen den Drang zu unserem stillen Raum im Inneren. Ein Leben voller Gebet, ein Leben, das der Keuschheit verpflichtet ist, macht unsere Gefühle zu einem leuchtenden Gefäß der Seele. Das Keuschheitsgelübde zeigt uns, wie abhängig wir davon sind, die Liebe in der Stille empfangen zu können, wenn wir in dieser Liebe bewußt und beständig werden wollen.

*So, wie das Armutsgelübde uns daran erinnert, daß es wirklich nichts gibt, an dem wir festhalten müßten, und daß wir immer die Stille suchen sollen, so mahnt uns unser Keuschheitsgelübde, den kürzesten Weg zur reinsten Liebe und Lebensqualität einzuschlagen. Keuschheit ist ein praktischer geistiger Führer, der unser Leben einfach hält und hilft, den klarsten Weg zu suchen, der wahr und ehrlich ist.*

*Natürlich ist wahre Armut und Keuschheit nichts, was wir selbst erreichen können. Wir halten uns das Ziel vor Augen. Wir treffen die täglichen Entscheidungen, die die Richtung halten. Die einfache Gegenwart unterstützt und belohnt uns mit spiritueller Armut und Keuschheit, wenn wir unser physisches und emotionales Leben zur Stille bringen und sie um jene Hilfe und Liebe bitten, die wir brauchen.*

Keuschheit ist der Weg, uns der Reinheit der Stille in jedem Menschen zu schenken. Keuschheit läßt uns treulich die Stille suchen, in allem, was wir tun, in allen Menschen, denen wir begegnen. Wie alle Gelübde ist auch Keuschheit ein Geschenk der Stille, in der die innere Liebe sich zeigen kann.

## Gehorsam

Gelübde oder heilige Versprechungen, die wir Gott in einem Partner oder Gott in einer Gemeinschaft machen, wecken die Angst vor unserer Preisgabe. Wir rebellieren. Wir unterwerfen uns. Wir stellen uns und geben nach. Durch das Gelübde des Gehorsams verpflichten wir uns, die wahre Autorität zu finden, die Autorität der Liebe in uns und in jedem Menschen.

*Wie das Armuts- und das Keuschheitsgelübde wird auch das Gelöbnis des Gehorsams oft kritisiert und selten verstanden. Wie Armut das Versprechen ist, in geistigem Sinne arm zu sein und deshalb leer und offen für die Wunder der Stille; wie Keuschheit die ehrliche Absicht hat, Beziehungen zu pflegen, die einfach und wahr sind, um die stille Schönheit der Liebe nicht zu stören: so bedeutet Gehorsam, aufmerksam auf den Willen der Liebe zu hören, auf die innere Wahrheit, die wir finden, wenn wir die vollkommene Gegenwart erkennen. Gehorsam ist ein Aufruf zur Verletzlichkeit, wo wir mit dem in Berührung sein können, was wirklich und wichtig ist.*

Gehorsam ist ein Weg, durch den wir uns von Gier, von Faulheit und anderen persönlichen Mängeln befreien können, die uns nicht wirklich dienlich sind. In manchen Gegenden des Ostens gibt der Schüler seinen ganzen Willen dem Meister hin. Im Westen geben Mönch und Nonne die eigenen Interessen auf, um der Gemeinschaft, dem göttlichen Willen zu dienen. So, wie das Armutsgelöbnis die Frage aufwirft, wieviel Besitz zu viel ist, und wie Keuschheit fragt, wann Liebe ein selbstsüchtiges Bedürfnis und wann sie wirklich ein Geschenk an einen anderen ist, hilft uns der Gehorsam fragen, was unser Wille ist und was das höhere Verlangen der Stille. Gelübde sind dazu da, in den scheinbaren Widersprüchen der Welt zu leben, so daß wir der Stille immer näherrücken können.

Um Gelübde der Armut, der Keuschheit und des Gehorsams abzulegen, braucht man nicht in einer traditionellen religiösen Gemeinschaft zu leben. Im Christentum werden Gelübde zunächst für ein paar Jahre abgelegt, und dann fürs ganze Leben. Im Buddhismus ist es jedoch üblich, daß Menschen religiöse Gelöbnisse für ein paar Jahre ablegen und dann zum weltlichen Leben zurückkehren. Wo wir auch sind, kann uns die Welt als Kloster dienen. Wenn wir Gehorsam geloben, ist unsere Absicht, ein wahres und einfaches Leben zu führen. Gehorsam ist das Gelöbnis, einem höheren Ruf zu folgen, dem Rufe aus der Stille, und unseren Willen dem größeren Willen zu unterstellen, dem göttlichen Willen. Da wir keinen Lehrer oder Vorgesetzten haben, der uns die Kunst der Hingabe an die Stille lehrt, müssen wir auf diesem Wege der Einheit, wir wir sie kennenlernen, unmittelbar vertrauen. Wir erlangen diese Fähigkeit des Vertrauens durch die Entwicklung unserer spirituellen Praxis. Wenn unser tägliches Programm und unsere Ziele ausschließlich um die heilige Stille kreisen, hat unsere innere Stimme es nicht so schwer und redet klarer und direkter zu uns. Wenn unser Leben mehr in eine Richtung fließt, kann die stille Stimme in uns, kann unser intuitives Sein, unser Gewissen, uns führen und beschützen. Wenn wir uns verpflichten, die Wahrheit zu leben, bekommt die Stille die Vorrangstellung in unserem Leben und lenkt unsere Willenskraft dahin, wo unser Wille und der höhere Wille eins sind, wo wir in Einklang sind mit unserem höchsten Ziel.

Das Gelübde des Gehorsams lädt die lichte Gegenwart in unser Alltagsleben ein, so daß wir Entscheidungen fällen können, die Ausdruck unserer Ganzheit sind. Gehorsam bedeutet, daß wir die Weisheit der Stille bitten, das Ruder zu übernehmen, anstatt es unseren eigenen veränderlichen und begrenzten Vorstellungen davon, was das Beste ist, zu überlassen. Gehorsam gegenüber der Stille hilft uns herauszufinden, welche Entscheidungen wir aus Angst, Unsicherheit oder Not fällen und welche aus der Fülle unserer Liebe und unseres Mitgefühls. Gehorsam läßt in jedem Winkel, in jedem Raum, in jedem kleinsten Teil von uns die friedvolle Stille und die einfache Liebe herrschen. Gehorsam ruft uns auf, das liebe-vollste Leben anzustreben, uns wagemutig dem liebe-reichsten Augenblick anzuvertrauen. Gehorsam erinnert uns daran, daß mehr zum Leben gehört, als selbständig zu sein. Wir sollen offen sein, unser Bedürfnis nach Kontrolle aufgeben, wenn es uns vom heiligen Leben trennt. Unsere Arbeit, unsere Beziehungen, unser Tun und unsere Gebete — alles ist von der Verpflichtung geleitet, die Liebe in ihrer reinsten Form anzustreben, ein Leben voll des Herzens in der Stille. Der Mönch oder die Nonne in uns fühlt sich zu einem Leben berufen, in dem unser körperliches, emotionales, intellektuelles und spirituelles Sein aus dem wahren Raum der Liebe in der Stille kommt. Dicht an unserem Herzen getragen, sind unsere Gelübde die Unterkleider des täglichen Lebens. Sie sind die Hüllen unserer Seele, die in unserer lärmerfüllten Welt die Liebe in der vollkommenen Stille repräsentieren. Ein gehorsames Leben ist ein Leben der Verantwortung: Es verzeiht aller falschen Autorität von gestern und mißt die rechte Autorität an ihren Ergebnissen. Gehorsam bringt unseren Verstand in Einklang mit unserem Leben der Leere, unserem Herzen voll reinem Verlangen.

*Armut ist das leere Boot, das ich für alles offen halte, was die stille Liebe mir mit auf die Reise gibt. Keuschheit ist das weiße Segel, das reine Verlangen nach einem Leben, einfach und wahr. Ich drücke das Segel an meine Brust und vertraue dem Wind des höheren Schicksals, der mich zum Ort der größten Reinheit bringt. Keuschheit ist das heilige Leben, auf das ich mich aus dem stillen Wesen meiner Seele heraus besinnen möchte. Gehorsam ist die Verpflichtung, vor allem anderen meine Seele zu spüren, die Seele der Seelen in der Stille. Ich gelobe, mich in die Intimität zu wagen, in die nur die Liebe mich ruft.*

## Barmherzigkeit

Manche der traditionellen Mönche und Nonnen, die sich zum Klosterleben berufen fühlten, haben noch ein weiteres Gelübde abgelegt: das der Barmherzigkeit. Eine der bekanntesten unter ihnen ist

Mutter Theresa. Von ihrem Beispiel inspiriert, legen viele Menschen inner- oder außerhalb religiöser Orden das Gelübde der Barmherzigkeit ab, um ihrem Leben in der modernen Welt einen Sinn zu geben.

Es ist das Versprechen, den Ärmsten der Armen zu dienen. Manche Menschen legen dieses Gelübde aus Dankbarkeit ab — weil sie bereits Gelegenheit hatten, Armut, Keuschheit und Gehorsam zu geloben. Die Liebe hat sie so ergriffen, daß sie ihre Dankbarkeit nur durch eine weitere Verpflichtung ausdrücken können. Das Gelübde der Barmherzigkeit bedeutet, Gott in all seinen Formen zu dienen, heißt, tätige Liebe zu leben.

*Ein der Barmherzigkeit geweihtes Leben ist ein Leben, das sich wirklich verschenkt. Und ein dem Dienen ergebenes Leben kennt keine Schranken zwischen sich und der Stille. Nonnen und Mönche, die das Gelübde der Barmherzigkeit ablegen, erkennen deshalb bald, daß ihnen durch ihren Wunsch, für die stille Liebe zu anderen zu leben, nur immer mehr geschenkt wird.*

Den Ärmsten der Armen zu dienen, heißt unsere Augen, Ohren und Herzen auf die Stille gerichtet halten, die immer da ist. Den Armen, den Nacktesten unter uns, die der immer gegenwärtigen Verletzlichkeit des Lebens ins Auge sehen müssen, ist die Stille sehr nahe. Die Verpflichtung, den Ärmsten der Armen zu dienen, ist ein Gebot, der reinen Gegenwart sehr nahe zu sein, in welcher Verkleidung sie sich auch zeigen mag. Das Barmherzigkeitsgelöbnis ist ein spirituelles und doch ganz praktisches Versprechen, daß wir geben, wo es uns schwerfällt zu teilen, daß wir uns die Zeit zum Zuhören nehmen, wenn wir selbst sprechen wollen. Barmherzigkeit heißt, kleine Dinge für andere zu tun, bis wir lernen, daß es ein Teil von uns ist, dem wir dienen. Barmherzigkeit fordert uns einfach auf, den Armen und Hungrigen jetzt gleich die Hand zu reichen, der Nacktheit in anderen und in uns selbst. Wenn wir uns bewußt werden, daß das Herz voller Stille uns ruft, antworten wir mit Liebe und Fürsorge.

Das Gelübde der Barmherzigkeit, den Ärmsten der Armen zu geben, lehrt uns die Gabe des Schenkens. In unserer spirituellen

Praxis unterstützt und leitet uns das Gelübde der Barmherzigkeit, mit denen, die in Not sind, ein Leben in der goldenen Stille zu leben, inmitten einer Welt, die so oft nur nach eigener Befriedigung trachtet. Das Wirken der Barmherzigkeit enthüllt uns sehr viel über die Stille und über das Wesen des Dienens, wo verschenkte Liebe geläutert und wieder empfangen wird.

*Barmherzigkeit liegt nicht darin, wieviel wir geben, sondern mit welcher Liebe. Barmherzigkeit heißt, in die kleinen Dinge des Lebens mehr Liebe hineinzulegen. Barmherzigkeit beginnt zu Hause, in der Liebe zu unserer Familie und zu den Menschen um uns her. Barmherzigkeit setzt sich fort im Dienste an den Hungrigen, die es nach einem Stück Brot verlangt, um Körper und Seele zu nähren, oder an den Armen im Herzen, die vielleicht nur ein Lächeln brauchen. Barmherzigkeit heißt, die große Sehnsucht nach Zärtlichkeit zu stillen, das Bedürfnis, jemanden zu haben, mit dem man reden kann. Barmherzigkeit bringt uns vielleicht wie kein anderes Gelübde dem Herzen der Stille näher, denn die Liebe, die das Schenken wert ist, müssen wir ständig aus dem göttlichen Herzen empfangen.*

## Eheversprechen

Wie die Gelübde der Armut, der Keuschheit, des Gehorsams und der Barmherzigkeit geben uns Eheversprechen Gelegenheit, uns für die Gegenwart der Stille um uns her und für die Heiligkeit des Lebens zu öffnen. Historisch gesehen, waren die Ehegelöbnisse das wichtigste Mittel, um uns vor Fehltritten zu bewahren und die Heiligkeit der Schöpfung zu schützen. Das Versprechen bringt zunächst die Heiligkeit zweier Seelen, die durch die Ehe vereint werden, zum Ausdruck. Es bekommt noch mehr Bedeutung, wenn das eheliche Leben auf die Herausforderungen stößt, sich der Stille zu öffnen. Heute sind jedoch so viele Ehegelöbnisse kaum mehr als Verträge, aus denen die Menschen herauswachsen und die dann geändert werden. Daß so viele

Ehen zerbrechen, ist charakteristisch für den Verlust des Heiligen in so vielen Bereichen des modernen Lebens.

Das Kloster ohne Mauern dient dazu, die Eheversprechen zu achten und zu schützen. Ehe ist die Verpflichtung zweier Menschen, gegenseitig die Stille in sich zu entdecken, in guten und in schlechten Perioden, zu allen Jahreszeiten, im ganzen Leben. Ehe ist die Verpflichtung zweier Menschen, die Stille gemeinsam zu erforschen. Wir können den Partner wechseln, aber die Herausforderung, in der Stille miteinander eins zu sein, die endet nie. In jeder Stimmungs- und Lebenslage die unendliche Einheit zu finden, in leichten wie in schwierigen Zeiten mehr Liebe in der Stille zu entdecken, das sind die wahren Geschenke der Ehe. Ehe ist das heilige Band der Stille, zu dem zwei Menschen immer wieder zurückkehren können und das sie in den Stand setzt, ein Leben voll der goldenen Bewußtheit zu führen.

*Wenn zwei Seelen sich entschließen, gemeinsam ins Unbekannte zu schreiten und einander in ihrer Einsamkeit und ihren Ängsten beistehen, finden sie dafür viel Segen in der Stille. Die unendliche Gegenwart schenkt ihnen die Ehe zu ihrem Schutz und Schirm. Ehe ist der Weg, auf dem zwei Seelen sich vereinen, um sich der allumfassenden Liebe hinzugeben.*

Die Ehe lädt das friedvolle Leben ein; jeder Kampf, jede Freude, jede Enttäuschung, jede verlorene und wiedergefundene Liebe wird der Stille in jedem Partner geschenkt. Eine Liebe, die in der Ehe schwindet, erwartet vom Partner zuviel, hat, auf der Suche nach dem Herzen der Stille, nicht genug Vertrauen. Ehe ist tätige Liebe im Dienst an unserem Partner. Liebendes Dienen ohne Erwartungen führt uns zu dem stillen Raum in uns. Ehepartner, deren Ziel es ist, keine großen Erwartungen zu haben, sind auch frei von großen Enttäuschungen, sind erfüllt von persönlicher Verantwortung und dankbar dafür, jemanden zu haben, mit dem sie die Stille teilen können. So viele Menschen in Beziehungen verbringen ihre Zeit damit, einander ändern zu wollen, nach etwas zu suchen, was nur ein intensives geistiges Leben bringen kann!

Die Ehe ist niemals die Quelle unserer Probleme oder unserer Lösungen. Jede Seele entscheidet, ob sie die große Liebe annehmen oder dagegen kämpfen will, in sich selbst, im anderen und im Leben. Während wir uns der endlosen Gegenwart öffnen, denken wir oft, der Partner sei das einzige Problem, ja unser Feind. Zu anderen Zeiten ist er wieder der einzige, der uns hilft, der Retter. Aber unser Partner ist lediglich der Gefährte auf dem großen Wege in die Stille. Die Ehe ist das besondere Band, heilig gehalten in der Stille, mit dem zwei Seelen gemeinsam die Schönheit und das große Mysterium der Liebe entdecken können.

*Wie die Mönche Gott lieben sollen, auch wenn ihre Gebete trocken geworden sind und sie keinen Trost aus der stillen Gegenwart empfinden, sollen wir unseren Partner lieben, auch wenn unsere Beziehung dürr geworden ist und wir wenig oder gar nichts voneinander haben. Diese Zeiten, wo unsere Bemühungen scheinbar keine Früchte tragen, sind die Wendepunkte in der Entwicklung unserer Seelen, in unserer Verpflichtung zur Liebe um der Liebe willen. Diese Phasen, wo wir weiterlieben durch unseren Schmerz und unsere Enttäuschungen hindurch, sind die Zeiten, wo die Gegenwart der Stille stärker von uns Besitz ergreift und unsere Persönlichkeit etwas Größerem Platz macht — der Liebe. Die vollkommene Liebe, die zwei Seelen einander erwecken, einander vorenthalten können, tritt an die Stelle von Angst und Zweifel.*

## Persönliche Gelübde

Zusätzlich zu den traditionellen Gelöbnissen der Armut, der Keuschheit, des Gehorsams, der Barmherzigkeit und der Ehe können wir persönliche Gelübde auf uns nehmen. Solche Gelübde können uns im täglichen Leben führen und uns im Wunsch bestärken, im Kloster ohne Mauern zu leben. Jeder Mensch kann persönliche Gelübde ablegen, um die Stille wahrzunehmen, zu ehren und mit ihr zu sein. Die traditionellen Gelöbnisse von Armut, Keuschheit,

Gehorsam, Barmherzigkeit und Ehe haben sich über die Jahrhunderte hinweg bewährt, und viele ganz normale Menschen sind, indem sie sie befolgten, zu Heiligen geworden.

Im Alltagsleben gibt es niemanden, der unsere Versprechungen beurteilen oder uns dafür zur Rechenschaft ziehen könnte, außer der Wahrheit, dem Spiegel der einfachen Stille. Manche Leute legen während der Meditationswochenenden Gelübde für ein paar Monate und sogar für Jahre ab. Gelübde der Einfachheit, der Vergebung und der Dankbarkeit können uns auf ganz einfache Weise im Alltag führen. Jeder Tag wird in Einfachheit, Vergebung und Dankbarkeit geplant, verbracht und überdacht, ganz gleich, wie der Tag verlaufen ist. Gelübde des Friedens, der Liebe, der Unschuld oder Reinheit erinnern uns daran, daß wir zu allen Dingen eine Beziehung finden können, die der Wahrheit näherkommt. Gelübde der Gnade oder Freude stimmen den Ton für jeden Tag ein, so daß wir in allen Lebenslagen für Gnade und Freude offen sind. Gelübde des Annehmens oder der Hingabe können uns bewußt machen, daß alles, was wir erfahren und erleben, in den Stoff der Stille eingewoben ist.

Viele Gelübde sind möglich, und jedes bringt eine andere Qualität der Liebe ins alltägliche Leben. Es gibt Gelübde der Stärke und des Muts, die die Kraft einschließen, auch schwach zu sein, und auch den Mut zur Demut. Es gibt Gelübde der Sanftmut und des Mitgefühls, die uns ermutigen, im Alltag weich zu sein. Gelübde der Hingabe und des Gebets erinnern uns daran, jeden Aspekt des Tages im Gebet zu reflektieren. Das Gelübde der vollkommenen Freude heißt uns, in allen Erfahrungen, auch in den schwierigsten, die Freude zu suchen.

Wenn wir persönliche Gelübde ablegen, sollten wir keine Eigenschaften wählen, von denen wir annehmen, daß wir sie brauchen, daß sie uns nottun. Spirituelle Gelöbnisse sind Geschenke der Stille. Indem wir — für wie lange auch immer — ein Versprechen ablegen, bestätigen wir, daß wir an der Stille teilhaben wollen, daß wir uns verpflichten, das Leben als Geschenk zu leben, als Sakrament.

Gelöbnisse, die unsere Seele über lange Zeit berühren, kommen aus dem Ort der tiefsten Sehnsucht in uns. Wenn wir die Qualität der

Liebe haben könnten, die wir uns am meisten von der Stille wünschen, was würden wir dann wählen? Frieden? Liebe? Das Gelübde des Friedens oder der Liebe bedeutet, daß wir uns täglich und unter allen Umständen darin üben, den Frieden oder die Liebe der Stille zu erfahren. Wir nehmen uns ganz bewußt vor, alles, was wir tun, mit Liebe zu tun. Oder wir bemühen uns, in den vielen winzigen Augenblicken des Tages offen zu sein für den Frieden. Wenn wir von der Stille alles haben könnten, was wir wollen, was wäre das? Glauben? Oder die Fähigkeit, in allem und jedem Gutes zu finden? Auch diese Gelübde wollen täglich geübt werden, damit wir die Geschenke erkennen, um die zu bitten wir bereit sind: Glauben und Güte.

Es gibt viele Qualitäten der Stille, die wir geloben können, wahrzunehmen und uns bewußt zu machen. Natürlich nützen Versprechen nur dann etwas, wenn wir achten und ehren, wohin sie uns führen.

Alle Gelübde sollten langsam formuliert werden; man muß ihnen nachspüren, bis ein klares Ja aus den Tiefen der Stille in unserem Herzen kommt. Wenn diese Klarheit einmal da ist, kann das Gelübde uns einen klaren, beständigen Weg in die Tiefe des Wesens der Liebe schaffen.

Im klösterlichen Leben werden häufig drei Gelübde gleichzeitig abgelegt. Ob es die traditionellen Gelübde der Armut, der Keuschheit und des Gehorsams sind oder Gelübde des Friedens, der Vergebung und Dankbarkeit — jedes Gelübde läßt uns den Tag unter einem besonderen Blickwinkel erleben. Jedes Gelöbnis ist so machtvoll, daß es ganz klar aus den Tiefen unseres eigenen Wesens kommen und ganz in Ordnung sein muß, um wirklich von Wert zu sein. Jedes Gelübde sollte zunächst ein paar Tage lang praktiziert werden und dann länger, bis ganz klar wird, daß es das richtige ist.

Gelübde haben die Eigenart, uns genau zu dem Ort in der Stille zu führen, wo wir sein wollen; gleichzeitig schützen sie unsere Verletzlichkeit. Wenn wir ernsthaft nach einem zurückgezogenen Leben trachten, können wir ein Gelübde der Abgeschiedenheit ablegen und sie in vielen unserer täglichen Aktivitäten aufspüren. Menschen, die sich danach sehnen, daß andere ehrlich zu ihnen sind, können ein

Ehrlichkeitsgelübde ablegen und werden über die Ergebnisse staunen. Andere, die sich nach einem Gefühl der Achtung in ihrem Leben sehnen, können sich dies einfach selbst geloben, und es wird nicht lange währen, bis sie alles achten: ihre Familie, ihre Freunde, ihre Gefühle und selbst ihre Schwierigkeiten. Gelübde können durch ihre Entschlossenheit dem Kloster ohne Mauern die notwendige Standfestigkeit verleihen. Jedes Gelöbnis hält uns einen bestimmten Teil der Stille bewußt, so daß uns mehr von der verborgenen Harmonie sichtbar wird. So, wie ein Eheversprechen einem Paar bewußt macht, daß es in der Liebe der Stille vereint ist, erinnern uns persönliche Gelübde daran, daß wir vom Lärm der Welt nicht eingeschränkt sind, sondern daß wir teilhaben an den Mysterien des erschaffenen und unerschaffenen Seins in unserem Innern.

## Mysterien

*Die Stille ist voller Mysterien. Es gibt die Mysterien in den Wundern der Bibel und die, von denen die großen Mystiker sprechen. Es gibt Mysterien in den Entdeckungen des Alltagslebens. Wo immer Liebe wirkt, ist ihre Macht und ihre Verletzlichkeit Mysterium. Wo immer Liebe herrscht, da ist die schöne Einfachheit, das Glühen ihrer Herrlichkeit Mysterium.*

*Man kann Mysterien besprechen oder untersuchen, Bedeutung aber bekommen sie erst dadurch, daß man sie selbst erlebt. Die Mysterien der Stille finden in den einfachsten Augenblicken statt; sie beginnen mit der frischen Luft bei Sonnenaufgang und enden mit dem Sternenhimmel. Jedes Mysterium ist ein Ausdruck der Stille, der uns von den Fesseln der „normalen" Wirklichkeit befreien soll. Wenn wir uns diesem Augenblick vollkommen hingeben, gehört unser Atem der vollkommenen Gegenwart. Jeden Tag geben wir der Liebe in der Stille mehr von uns, bis nichts mehr bleibt als die vertraute Stille. Dann werden die Mysterien zu unserem Leben; wir werden zu einem Teil des Körpers der Stille, der an den großen Mysterien seinen Anteil hat.*

*Die Mysterien fordern uns auf, die Heilige Familie des Christentums in unserer eigenen Familie zu sehen. Sie laden uns ein, in unserem eigenen Leben das Leben und den Frieden Buddhas zu erblicken. Die Wunder, von denen in allen Religionen die Rede ist, zeugen davon, daß Wunder wirklich in unserem eigenen Leben geschehen können, wenn wir uns dem Mysterium öffnen, das sie darstellen. Bis auf den heutigen Tag sind die alten Wunder — die Befreiung der Kinder Israel aus den Händen des mächtigen Pharao oder die Speisung der Zehntausend mit Fisch und Brot — eine Herausforderung für unsere Einschränkungen, unsere starren Ansichten und unseren Mangel an Glauben. Die biblischen Geschichten nehmen sich unser Leben vor, eine Zeitspanne nach der anderen, und machen es wieder so universell, wie es in Wirklichkeit ist. Alles Getrennte wird daran erinnert, daß wir eins sind. Das Mysterium umfaßt auch, wie sehr unser persönliches Leben mit dem Leben aller Wesen und mit dem Willen der Liebe in der Stille verwoben ist. Mysterien haben keinen Anfang und kein Ende, sie sind uns zum Erleben geschenkt, bis aller Lärm aus unserem Leben schwindet.*

## Fasten

Fasten ist traditionsgemäß ein Akt der Reinigung. Nonnen und Mönche enthalten sich des Essens, um mehr zu beten und zu meditieren. Sie betrachten das Fasten als eine Gelegenheit, mehr mit dem Hunger der Seele in Berührung zu sein. Sie fasten deshalb einen Tag lang oder zur heiligen Fastenzeit auch bis zu vierzig Tagen, um die Geschenke der Stille in Empfang zu nehmen. Fasten ist die uralte Übung, ohne Nahrung auszukommen, um mit der friedvollen Stille eng zusammenzuleben. Wenn wir nicht essen, werden wir uns auch all der Dinge bewußt, die wir automatisch tun und die uns von der Stille und von unseren Gefühlen trennen.

Im Kloster ohne Mauern halten viele Dinge, die wir täglich tun, einen Platz besetzt, den wir besser der reinen Stille überlassen würden. Wir essen nicht nur mehr als nötig, sondern kaufen auch unnütze Dinge ein, sehen zu viel fern und geben uns anderen Formen passiven Vergnügens und Verbrauchens hin. Als geistige Übung können wir uns all der Dinge enthalten, die wir, weil uns nichts Besseres einfällt, nur aus Gewohnheit tun, und werden dadurch offener für die Stille. Wenn wir, statt fernzusehen, Kriminalromane lesen, ist uns das nicht eben dienlich. Aber wenn wir jeden Tag um eine Stunde weniger fernsehen und stattdessen beten und meditieren, dann sind wir in unserem Leben einen Schritt näher daran, dem Mönche oder Mystiker in uns den Vorrang zu geben. Immer wenn wir eine Routine zeitweilig unterbrechen oder ganz aufgeben und eine regelmäßige Zeit der Muße an ihre Stelle setzen, befreien wir uns ein wenig mehr vom Lärm unserer Persönlichkeit und stärken den Frieden unserer Seele. Wir *sind,* was wir essen, was wir tun und denken und wie wir unseren Tag verbringen. Es stärkt unser inneres Leben, wenn wir entdecken, wie viele unserer täglichen Wünsche in der Stille erfüllt werden.

Manche von uns versuchen zu fasten, um den spirituellen Prozeß zu beschleunigen. Ob wir nun an einem Tag der Woche auf Fleisch verzichten oder gar nichts essen, ob wir nicht mehr rauchen oder aufhören, läppischen Kram zu kaufen — wenn die Absicht unseres Fastens darin besteht, unseren spirituellen Fortschritt zu beschleunigen, einen Schritt zu überspringen oder uns selbst und andere zu beeindrucken, dann erreichen wir damit nur Begrenztes. Wenn wir jedoch fasten, um die Liebe in der Stille besser wahrzunehmen und die stille Gegenwart zu achten, kann uns das die Angst oder die Schuldgefühle nehmen, die uns eingeben, an den Dingen festzuhalten statt an der Stille. Fasten, um sich seine Selbstdisziplin oder sein Geltungsbedürfnis zu bestätigen, um zu leiden oder rasch unser Leben zu verändern, ist nur bedingt erfolgreich. Wir ersetzen damit wahrscheinlich nur ein zwanghaftes Verhalten durch ein anderes — nämlich zwanghaftes Fasten. Fasten, um unser Erleben zu steigern, um den Lärm in uns zu läutern, um in uns einen Raum der Wahrheit auszumachen, kann die Qualitäten der Stille an die Rampe unseres

Bewußtseins stellen. Fasten kann uns die wunden Punkte unseres Lebens zeigen, weil wir mehr von uns selbst der Liebe in der Stille übergeben.

## Geistliche Musik und Pilgerfahrten

Wir können getrost alle Teile unseres Lebens loslassen, die uns in den Lärm führen; wir können obendrein aber auch Freuden finden und entwickeln, die uns an die reine Liebe erinnern, an die lichte Gegenwart, in der unsere Seele lebt. Bei vo viel Lärm in unserem Leben vergessen wir leicht, wie sich reine Klänge anhören. Uns ist entfallen, daß es noch anderes gibt als Lärm. Heute stammt die meiste Musik aus einem elektronischen Studio; der Klang wird „produziert" und immer neu gefiltert. Geistliche Musik kommt aus dem Herzen und strömt durch die Stimmen derer, die ihr Leben dem Hören des wahren Klangs der großen Stille geweiht haben. Durch die Tiefe und Ernsthaftigkeit ihrer Hingabe wird dem Heiligen Ausdruck verliehen. Ob klassische Werke, gregorianische Gesänge oder die Musik aus Taizé — immer sind es engagierte Menschen, die uns beseelte Klänge schenken, wenn sie ihren Hunger nach dem Göttlichen stillen wollen. Geistliche Musik heilt durch ihre schlichte Reinheit den Lärm in uns. Die engelhaften Töne schwingen im reinen Klang, der in der Stille zu finden ist, in jenem Klang, der keinen Teil von uns ausschließt, der zu unserem ganzen Wesen spricht und es willkommen heißt.

So, wie die geistliche Musik uns an den reinen Klang erinnert, so erwecken Pilgerfahrten unsere Achtung vor der Erde, vor unserer Erdenreise. Pilgerfahrten zu heiligen Stätten wie Assisi und Jerusalem, zu bestimmten Orten in Tibet, Indien oder sonstwo auf der Erde können sehr bewußte Reisen sein, auf denen wir durch Gebet, Meditation und unseren Vorsatz, uns ein neues und heiligeres Leben zu schaffen, eine Haltung entwickeln, die uns helfen kann, unser Bewußtsein zu erweitern. Eine Pilgerfahrt ist eine Reise mit bestimmter Absicht. Anders als Urlaubsreisen oder Ausflugstouren sind

Pilgerfahrten eine uralte Form der geistigen Wandlung, bei der die Reise mit all ihren kleinen Begebenheiten bewußt dazu benutzt wird, uns unserem Wesenskern näher zu bringen. Wenn wir irgendwo Schlange stehen müssen, üben wir uns in der Geduld des Göttlichen. Wenn wir Speise zu uns nehmen, genießen wir es als Nahrung für Körper und Seele. Packen und Auspacken, Spaziergänge, Besuche und Ruhepausen dienen alle dem einzigen Ziel, unsere Beziehung zur Stille wieder aufzufrischen und damit auch unsere Beziehung zum Alltagsleben.

## Zeit

Das Kloster ohne Mauern läßt sich besser dadurch definieren, wie wir unsere Zeit verbringen. Je mehr von unserer Zeit wir mit einer bewußten Absicht verbringen, desto mehr lenken wir unsere Energien auf die Wiederherstellung des Heiligen in unserem Leben. Wenn wir unsere Lebensweise umstellen, wenn wir mehr Zeit für Augenblicke mit uns selbst, für die Natur, für unsere Partner und für unsere Kinder, für Meditation und für Gebet aufbringen, wird es leichter, überall das Heilige zu entdecken.

Unsere Beziehung zum Heiligen verlangt von uns eine neue Beziehung zur Zeit, zu unseren Tagen, Wochen, Monaten und Jahren. Zeit ist mehr als nur etwas, das wir organisieren und verplanen können. Zeit ist ein Geschenk der Stille. Im Inneren der Stille gibt es keine Zeit, weil alles gegenwärtig ist. Vergangenheit und Zukunft beginnen wieder, wenn wir uns von der unendlichen Gegenwart trennen. Die Zeit lehrt uns, wie kostbar und wie kurz sie ist. Uns der Zeit bewußt zu werden bedeutet, die vielen Geschenke des Augenblicks bewußt wahrzunehmen. Jeder Augenblick in der Stille ist ein Augenblick der Ewigkeit. Es gibt eine spirituelle Übung, sich der Zeit bewußt zu werden, ihrer Zeitlosigkeit und Zeithaftigkeit. Das Leben, das wir in der Gegenwart genießen, kann allzu schnell vorübergehen; wir haben niemals Zeit genug gehabt zum Beten, nie Zeit genug zum einfachen *Sein.* Wir finden die Ewigkeit, wenn wir die Versuchung loslassen, in der Vergangenheit und in der Zukunft zu leben, und merken, daß die gewöhnliche Zeit erfüllt ist von der Gegenwart vieler süßer Augenblicke.

## Disziplin

Da die Zeit so kostbar ist, wünschen wir uns die Disziplin, das Leben so vollständig zu organisieren und durchzuplanen, daß es nicht so schnell an uns vorübergeht. Disziplin ermöglicht uns, täglich eine Zeit für Meditation und Gebet freizuhalten, für Freunde und Natur, für Arbeit und Entspannung. Mit Disziplin können wir unser geistiges Leben zur Grundlage unserer Gefühle, unserer Aktivitäten und Beziehungen machen.

Viele von uns denken an Strafe, wenn sie das Wort Disziplin hören. Wir vermögen Disziplin als Strafe kaum von der Bedeutung des Wortes Disziplin als einem Programm zur Schulung und Entwicklung zu unterscheiden. Solange wir Disziplin als Strafe betrachten, können wir uns dem Bedürfnis unserer Seele nach Beständigkeit und Hingabe nicht öffnen. Für viele Menschen, für die die religiöse Erziehung eine Pflicht war, die sich fast wie eine Strafe anfühlte, ist es schwierig, die persönliche Disziplin zu finden, um ein gesundes und solides geistiges Leben aufzubauen.

Als Jünger müssen wir geistige Disziplin besonders im Kloster ohne Mauern finden, wo es keinen Lehrer gibt, der uns ermahnt und fordert und unserem Weg Struktur verleiht. Wir müssen die innere Disziplin finden, dem Leben unserer Seele Vorrang in unserem Sein einzuräumen. Wir sind aufgefordert, die Disziplin zu finden, die keine Strafe ist, sondern uns jeden Tag die Gelegenheit gibt, unser geistiges Potential zu erkennen. Eine persönliche Disziplin, die wir uns selbst schaffen, führt uns durch schwierige Zeiten zu neuen Tiefen unseres Seins, durch glückliche Zeiten aber zu noch viel größeren Freuden.

## Reue und Lobpreis

Reue und Lobpreis sind zwei geistige Praktiken, die selten zum spirituellen Leben eines modernen Menschen gehören. Für das ernsthafte Herz führt jedoch die Reue über die Zeiten, wo wir die stille Gegenwart der Liebe verleugnen, zu neuem Lobpreis der unaussprechlichen Wunder des Lebens.

Ehrliche Reue ist für das Herz wie ein neuer Stoß der Liebe und für den Verstand, der sich um die Vergangenheit sorgt, ein neuer Anfang. Die Worte „es tut mir leid" können in einer Welt voll Lärm so viel sagen. „Es tut mir leid" lenkt unsere Aufmerksamkeit in den gegenwärtigen Augenblick. Der Lärm in uns und um uns her hört auf, und die Gegenwart der Stille fließt in unsere Beziehungen herein. Reue, die aus uns selbst kommt, nicht aus den Erwartungen anderer, erleichtert unser beschwertes Leben, das nun wieder frei ist und lobpreisen kann.

Eine Seele, die der Stille geöffnet ist, ist ganz natürlich voller Lob und Preis. Das Leben bietet viele Gelegenheiten dazu. Wir können die Stille preisen, die wir in den Gesichtern der Menschen lesen, die vollkommene Stille der Natur, die Gegenwart von Mond und Sonne. Wir können alles preisen, was uns von der Schönheit der Stille spricht. Und natürlich können wir die Liebe preisen in all den Formen, die wir kennen. Lobpreis ist eins der kindlichen Gefühle, das die weisen alten Männer und Frauen fast jeder Kultur zu schätzen lernten.

Echte Reue und Lobpreis aus ganzem Herzen bringen den Lärm, in dem wir leben, wieder mit der stillen Reinheit unseres Herzens in Berührung. Reue und Lobpreis machen unser Leben weiter, schaffen mehr Raum für unsere Seele und die stille Gegenwart, die dem Leben seinen Sinn gibt.

## Abgeschiedenheit

Abgeschiedenheit ist vielleicht die Hauptstütze des traditionellen Klosters. Manche Menschen brauchen Klostermauern, um ihre innere Abgeschiedenheit vor der lärmenden Welt zu sichern. Prüfstein für das Leben in der Welt des Lärms ist, wieviel Raum es uns für Abgeschiedenheit beläßt und wie wir unser Alleinsein nutzen, um das Bewußtsein unseres Seins ganz in der Stille zu vergrößern.

*Abgeschiedenheit und Stille schenken Heiterkeit, die stille Weisheit, die die Ganzheit kennt, ganz gleich, wie die Ereignisse um uns sich wenden.*

Abgeschiedenheit liegt in den Stunden und Tagen, die wir uns für Gebet und Meditation freihalten. Abgeschiedenheit heißt jedoch nicht unbedingt, daß wir ganz allein sind; es sind einfach die Zeiten, die wir uns freilassen, um die Stille in uns aufzunehmen. Abgeschiedenheit mit anderen, das Zusammensein in der einfachen Gegenwart, kann tatsächlich wunderbaren inneren Frieden bringen. Alleinsein ist keine Garantie für Abgeschiedenheit, ebensowenig wie das Zusammensein mit anderen Abgeschiedenheit ausschließt. Wir können Abgeschiedenheit finden, wenn wir entdecken, wie wenig allein wir sind, wie sehr der Wind, die Vögel, die Blumen und die Bäume mit uns sind. Abgeschiedenheit kann uns entdecken lassen, wie sehr wir mit der ganzen Natur verbunden sind. Indem wir innerlich stillestehen, spüren, sehen und hören wir mehr. Ob wir allein am Altar oder auf einer Straße voller Menschen stehen — Abgeschiedenheit heißt, daß wir die einfachen Augenblicke wahrnehmen und erfassen, wohin sie uns führen. Abgeschiedenheit macht uns aufmerksamer, so daß wir erkennen, wie unser Atem unseren Gedanken folgt, in welch enger Beziehung unsere Gedanken mit unserem Atem stehen. Wir erleben Abgeschiedenheit, wenn unser Etwas-tun-und-leisten-Müssen dahinschmilzt und einfach zu mehr Bewußtheit wird. In dem Maße, wie unsere Sinne wacher werden, sind wir gegenwärtiger für die Geschenke der Stille. Der Frieden der Abgeschiedenheit ist die Ganzheit, die wir inmitten unseres Tuns empfinden können. Die Herausforderung besteht darin, Zugang zu unserem Frieden zu finden, zu unserem einfachen Sein, ganz gleich, wieviel wir sonst zu tun haben.

Abgeschiedenheit ist eine Lebensweise. Wir können nicht leer sein für die Stille, wenn unsere Gedanken mit anderem beschäftigt sind. Um uns leer zu machen und die unnötigen Gedanken anzuhalten, müssen wir der Gegenwart der Stille verpflichtet sein. Der Verstand hält für die Vollkommenheit eines Augenblickes inne, wenn wir der Einfachheit des Augenblicks Vorrang einräumen über alles sonst, was wir im Sinne haben, womit wir uns beschäftigen. Der Verstand gibt Ruhe, wenn sich die Abgeschiedenheit unserer Ängste annimmt. Abgeschiedenheit ist das Leben, das wir uns erschaffen, wenn die Gegenwart eines zeitlosen Augenblicks der anderen folgt.

## Träume

Abgeschiedenheit finden viele Menschen nur in der Nacht. Es können die Augenblicke vor dem Schlafengehen und nach dem Erwachen sein. Abgeschiedenheit, die inneren Räume, in denen wir mit uns allein sind, tritt jede Nacht ein, wenn wir träumen, ob wir uns nun an unsere Träume erinnern oder nicht.

Alles Leben schläft regelmäßig, doch während der Abgeschiedenheit des Schlafes setzt sich die Tätigkeit des Bewußtseins in Form von Träumen fort. Dies sind die Zeiten, die uns geschenkt sind, um in die vollkommene Stille zurückzukehren. Im Schlafe, während der Körper ruht, tritt die Stille näher und behütet jede Seele und jeden Geist in der Natur. In der Abgeschiedenheit des Schlafes rührt sich unser innerstes Wesen. Unser *ganzes* Bewußtsein erwacht. Der Mönch oder Mystiker in uns ist gegenwärtig. Diese Augenblicke der Abgeschiedenheit geben dem Bewußtsein Gelegenheit, sich selbst zu erleben, sich einzuordnen, ins Gleichgewicht zu setzen und sich seiner wahren Identität gewiß zu werden.

> *Unsere Träume halten uns in Einklang mit unserem wahren Bewußtsein, dem Bewußtsein, das in der Abgeschiedenheit der unbewußten Räume lebt.*

Unsere Träume sind nicht „bloß“ Träume, sondern viel viel mehr. Die stillen Welten verständigen sich mit uns, ganz gleich, ob wir uns daran erinnern oder ob wir meinen, wir hätten „nur“ geschlafen. Man stelle sich eine Welt vor, in der nicht jeder hin und wieder schliefe, in der die Stille nicht die Ordnung zwischen dem Sichtbaren und dem Unsichtbaren wiederherstellte! In jedem Traumgeschehen, in der einzigartigen Landschaft unseres Bewußtseins, hält die Stille das Gleichgewicht zwischen der Spannkraft unserer Seele und dem täglichen Leben. Das Wichtige ist nicht unbedingt das Traumgeschehen, die Geschichte des Traumes, sondern die Energie, die wir erfahren. Die Symbole unserer Träume sind für Menschen in verschiedenen Lebenslagen von jeweils anderer Bedeutung. Aber jedes Sinnbild steht für die unsichtbaren Kräfte und Elemente der Stille in unserem Unterbewußten und im größeren Sein. Jedes unserer Traumsymbole ist voll Kraft, die wir annehmen und in unser Tagbewußtsein einfügen sollen. Wenn wir wach werden für unsere Träume, wird uns der Teil des Lebens bewußt, der in vollkommener Abgeschiedenheit lebt, der Teil von uns, der sich in Träumen ausdrückt. Jeder Traum ist ein Augenblick persönlicher Stille. Jede Nacht ruhen wir, und unser Geist öffnet sich und wendet sich erneut der unendlichen Stille zu. Es geschieht dabei viel mehr, als selbst Dichter anzunehmen und zu schreiben wagen. Viele Dimensionen spielen hier zusammen: Liebe und Angst, Körper und Körperlosigkeit, unser grenzenloses und begrenztes Leben.

*Zu Beginn der Ruhe bereitet der Engel, der uns am nächsten ist, unsere Seele auf die Nacht vor. Besondere Einladungen ergehen an die Stille. Manche Menschen bleiben in ihrem Körper und gehen träumend die Ereignisse des Tages durch. Andere verlassen ihre Hülle und dringen in die Bereiche der Stille vor, während der Engel an ihrer Seite wacht. Zu entdecken, was wirklich geschieht, wenn der Körper schläft, heißt die Reiche der Stille entdecken. Deshalb wird der Tod so häufig mit dem Schlaf verglichen. Dieser Vergleich ist richtiger, als uns oft bewußt ist. Im großen letzten Traum, im Tode, wartet der Engel nicht mehr, daß unser Geist zu unserem Leib zurückkehrt, sondern fliegt mit uns davon.*

So viele verschiedene Dinge geschehen in jenem Zustand, den wir Schlaf nennen. Das Bewußtsein, bei Tage überwacht, wird in seine Ganzheit entlassen, ins Unendliche Bewußtsein. Im Schlaf ergibt sich jedes Wesen der Stille, ganz gleich, was es beim Erwachen denken mag. Die vielen Reiche des innersten Wesens sorgen immer für uns, ganz gleich, wie sehr unsere Überzeugungen und Religionen uns begrenzen. Entziehe jemandem den Schlaf, und er wird mit der Zeit verrückt! Die Stille ist lebenswichtig für unser geistiges, seelisches und körperliches Wohlergehen. Manche Seelen auf einem geistigen Wege fühlen sich eine gewisse Zeit lang, als schliefen sie. Der Schlaf kann das Übungsfeld sein, unsere „Schule", wo wir uns erinnern, daß wir fliegen können, unter Wasser atmen, durch Wände gehen und mit jedem Wesen sprechen können, augenblicklich und unmittelbar. Ob wir uns an unsere Träume erinnern, ob sie uns entschwinden — ihre Lehren wirken weit in unseren Tag hinein.

Vor dem Schlafengehen können wir einen Traum erbitten, der uns hilft, eine bestimmte Lebenslage zu verstehen. Wir können um Ruhe oder Frieden bitten oder um sonst etwas, was wir in unserem Leben gerade nötig brauchen. Unsere Fähigkeit zum Träumen entwickelt bewußt die wachsende Beziehung zur Stille. In dem Maße, wie wir der Stille näherkommen und unsere Abhängigkeit von ihr anerkennen, kann sie uns mit Leichtigkeit überall nach dahin bringen, wo wir in unseren Träumen weilen möchten, wo die Kontrolle aufgehört und die stille Wachheit in uns das Ruder übernommen hat.

*Träume erinnern uns daran, daß das Leben vielleicht nicht weniger und nicht mehr mehr ist als das Bewußtsein der Stille, das durch uns träumt...*

In Träumen begegnen wir anderen Persönlichkeiten in uns selbst und anderen. Wir können Zeuge der Teile von uns werden, die unbemerkt bleiben oder die wir nicht wahrhaben wollen, wie zum Beispiel unserer Wünsche oder Anfälle von Groll und Wut. Wir machen in der Nacht ganz andere Erlebnisse durch, wenn die Stille uns sehr nahe ist und unser Intellekt und die Kräfte des Tages nicht eingreifen können. Die anderen Bereiche unseres Seins sind zugänglicher, und wir können sie tiefer erfahren, wenn unser Tagesbewußtsein nicht anwesend ist, um sie in Frage zu stellen. Menschen, die nicht an ein Leben nach dem Tode glauben, haben von tiefen Erlebnissen berichtet, wo ihre verstorbenen Lieben sie im Traum besuchten und sie sich danach besser fühlten. Menschen , die sich in einer Sackgasse wähnten, berichten oft, daß sie im Traume eine Lösung fanden. Träume sind ein Weg, auf dem die friedliche Gegenwart unser Begleiter sein kann. Dann liegt es nur an unserem eigenen Willen, ob wir spüren und hören wollen, was uns die Träume sagen.

Manche Menschen brauchen weniger Schlaf, wenn sie die Stille kennengelernt haben, denn die intime Gegenwart hat Tag und Nacht, Verstand und Geist miteinander verwoben. Träume geschehen immer. Das Leben ist ein Traum, in dem wir der Stille in allen Dingen begegnen, Tag und Nacht. Bewußt werden heißt zum *wahren* Traum erwachen. Die Stille in ihren vielen Verkleidungen zeigt uns die wahre Ganzheit, damit wir sie anerkennen. Das Kloster ohne Mauern erlaubt uns, unser Leben zu träumen und zu leben, als ob es wirklich das unsere sei, unser eigener Traum, den wir erleben dürfen. Unser Alltagsbewußtsein wird in unseren Träumen aufgesogen und verwandelt. Der Friede und die Liebe der Stille helfen uns, die Tausende von Teilen unseres zersplitterten Wesens zu sammeln, bis wir wieder *eine* Seele in der Stille sind. Jedes Teilchen, eines nach dem andern, hilft uns zu entdecken, daß wir ein Mönch im Kloster ohne Mauern sind, in einem Kloster ausgedehnten Seins.

## Die andere Seite

Im Leben voller Stille lernen wir, die andere Seite in uns aufzunehmen, uns für die unsichtbaren Kräfte zu öffnen, wach zu werden für den Traum der Stille. Das Leben wird geheiligt, wenn wir uns der vielen Strände unseres Geistes am Ozean der Stille bewußt werden, der Liebe der anderen Seite, die unter uns wohnt.

Alle Weltreligionen haben über die andere Seite nachgedacht. Menschen haben verblüffende Berichte aus todesnahen Erlebnissen mitgebracht. Jedoch die wahre Schönheit, die uns erwartet, ist auf viele Weisen unvorstellbar, weil wir uns der täglichen Schönheit der Stille nicht bewußt sind. Wir suchen nicht nach dem Außergewöhnlichen, sondern entdecken das Außergewöhnliche, das ganz natürlich in unserem Leben lebt.

Die andere Seite, das Leben nach dem Tode, die unsichtbare Gegenwart, die mit uns ist, die anderen Seiten unseres alltäglichen Bewußtseins einschließlich unserer Träume sind sehr nahe und werden uns immer vertrauter, je vertrauter uns die Liebe in der Stille wird. In dem Maße, wie wir üben, in den vielen Räumen unseres Lebens auf die einfache Gegenwart zu hören, entdecken wir die vielen verschiedenen Seiten des Lebens. Sie alle sind in der Stille behütet und geborgen, mehr als wir es uns vorstellen können. Tatsächlich ist jedes Leben in einem Gebet gehalten und behütet, das mit uns aus der Stille in die Welt tritt. Von unserer Geburt an ist unser Schicksal, unser inneres Wesen, in der Stille behütet, im Gebet geborgen. Wenn wir uns nicht länger an unserer Persönlichkeit als unserer täglichen Identität festklammern, wenn wir uns im Gebet und in der Meditation erspüren und der anderen Seite öffnen, die ein Teil von uns ist, wird uns ein Gebet bewußt, ein warmes, tröstliches Gefühl um uns herum, das uns Richtung gibt und Ganzheit. Es ist ein Erlebnis der Geborgenheit, ein Getragensein in unserer Verletzlichkeit, das uns an unsere eigene Göttlichkeit erinnert. Unsere Seele lebt umgeben von Gebet. Dieses Gebet ist Haut um unsere Seele, um den Himmel in uns. Wenn wir uns weniger auf die Welt vor unseren Augen, auf unser Körperwesen und unsere Persönlichkeit verlassen, spüren wir unseren wahren Halt, das Gebet, das Gott um jeden von uns gelegt hat.

All die verschiedenen Seiten unserer Wahrnehmung, die Küstenlinien unseres Bewußtseins, können uns hinführen zu diesem Gebet um uns. Vielleicht ist es Teil der Akasha-Chronik, wie manche geistigen Schulen meinen; andere halten es auch für einen Teil der sogenannten Aura. Wie wir es immer nennen mögen — wir werden nackt in diese Welt hineingeboren, jedoch eingehüllt in ein Gebet. Und wir leben unser Leben unter dem Schutze und der Führung dieses Gebets, und wir kehren in diesem Gebet in das unendliche Bewußtsein heim und werden wieder willkommen geheißen. Was wir die andere Seite nennen, die Reiche, die möglicherweise in der Stille liegen, sind alle in diesem Gebet, das uns umschließt. Es ist die Haut der Stille, die alles Leben umgibt und wieder mit uns ist, wenn wir unseren Körper verlassen. Wenn wir uns der Stille bewußter werden, spüren wir dieses Gebet und erkennen, daß unsere körperliche Haut nicht unser ganzer Körper ist. Da ist noch mehr. Unser Wesen ist im Gebet geborgen.

Die andere Seite hat so viele Eigenschaften, Reiche, Dimensionen, die uns fremd erscheinen, aber sie sind uns nur so fremd, wie wir der Stille fremd bleiben.

## Die Aura

Um jedes Lebewesen legt die Stille einen Teil von sich, eine Aura, die es nährt und schützt. Je mehr Zeit wir der vollkommenen Stille schenken, desto spürbarer wird diese Hülle besonderer Andacht, die alles Leben umgibt. Die Aura enthält, was die Stille von der Vergangenheit und den zukünftigen Möglichkeiten jeder Seele aufgezeichnet hat. Diese „Aufzeichnungen", auch als „Akasha-Chronik" bekannt, bleiben nahe bei uns, um jeden von uns zu unterrichten und zu leiten. Die Aura enthält auch eine genaue Spiegelung all dessen, was in unserem physischen, mentalen, emotionalen und spirituellen Leben vor sich geht. In jeder Aura schlummert die Fähigkeit, sich auszudehnen, hinauszugreifen nach Unterstützung oder Gesellschaft anderer Wesen und Energien in der Unendlichkeit. Die Aura jedes einzelnen wird weiter, je mehr Liebe in der Stille er empfängt. Die großen Heiligen waren aus einer Entfernung von vielen Meilen zu spüren, wenn man nur ihren Namen erwähnte, weil sie so umfassend an den Wegen der Stille teilhatten.

Die Stille ist, ob wir nun Heilige oder gewöhnliche Menschen sind, mit einer besonderen Gegenwart um uns, einer Gegenwart voll Gnaden für jedes Leben zu jeder Zeit und in allen Lebensumständen. Die lichte Stille nährt uns durch unsere Aura, weiß, wer wir sind und wo wir sind, und kennt unsere Bedürfnisse und Wünsche. Unsere Gedanken und Gefühle verändern ständig unsere Aura. Durch diese Schicht von Stille, die einzigartig um uns ist, spüren uns Wesen aus anderen Bereichen und fühlen sich zu uns hingezogen oder halten sich uns fern. Die feinen Hinweise, die kleinen Eingebungen und geistigen Erfahrungen, die unseren Tag beeinflussen, kommen aus diesem Teil der Stille, der Aura um uns. Durch unsere Aura ist die reine Stille uns ganz nahe. Unser ganz spezieller Leib der Stille ist eine Hülle voller Einzelheiten, einschließlich des verhüllten Wesens dessen, von dem wir kommen und der unser Ziel ist. Engel und Seelen aller Arten kennen uns und dienen uns durch die Qualität der Stille, die unsere Aura trägt.

## Geistige Führer

Das Kloster ohne Mauern erinnert uns daran, uns immer wieder von neuem auf unser inneres Wesen auszurichten. Hier finden wir die heilige Stille, die uns leitet.

Alle Seelen haben ein Führer, der sie in die Stille bringt. Ganz gleich, ob wir es bewußt wahrnehmen oder nicht: dieser unsichtbare Lehrer, der das Reich der Stille verkörpert, ist immer bei uns. Viele Menschen, die Führung suchen, haben das Glück, außerdem noch einen irdischen Lehrer zu haben, der sie anleitet, die stillen Mysterien zu spüren und zu durchforschen. Um einen solchen Lehrer müssen wir ernsthaft bitten, so daß die Kräfte der Stille das Notwendige vereinbaren können. Man sagt, wenn der Schüler bereit ist, ist der Lehrer da. Manchmal ist der Lehrer vielleicht schon bei uns, wir haben ihn als unseren Lehrer nur noch nicht erkannt.

Es ist wichtig, solche Lehrer nicht als selbstverständlich hinzunehmen. Es ist wichtig, ihnen unsere Liebe und Achtung dafür zu zeigen, was sie uns geben und mit uns teilen. Im Verlaufe einer Beziehung zu einem irdischen Lehrer merken wir, daß auch er nur Mensch ist und Schwächen, Vorurteile und Unvollkommenheiten hat wie wir. Deshalb ist er nicht weniger unser Lehrer. Wir haben einen irdischen Lehrer, um das Beste von ihm zu lernen. Wir dürfen den Lehrer nicht mit dem verwechseln, *was* er uns lehrt. Selbst Christus wies uns nur den Weg zum Vater. Wie jede Beziehung enthüllt uns auch die Bindung zwischen Lehrer und Schüler viele Mysterien des wortlosen Wunders. Wenn die Beziehung anders als in Achtung und Dankbarkeit beendet wird, dann ist sie nicht abgeschlossen. Die Stille gibt uns so bald keinen neuen Lehrer. Wenn wir uns nach einem anderen Führer umsehen, weil es mit dem gegenwärtigen zu schwierig wird, vergessen wir, daß alles bereits da ist, was wir sonstwo suchen. Unser alter Führer lädt uns noch immer ein, die Lektionen der Vergebung zu erlernen. Unsere Führer lehren uns die Liebe und das Lieben, bis wir sie in jedem Teil von uns als unsere Lehrer erkennen und annehmen können.

*Unsere Führer in der Stille sind nicht bloß dazu da, uns mit Geschenken zu versorgen. Sie sind mehr. Sie wollen, daß wir an den Orten leben, wo wir keine Geschenke finden, einschließlich des letzten Ortes, der die Quelle aller Geschenke ist.*

*Ziel jedes Lehrers ist es, uns zu unterstützen, daß wir unseren wahren Platz in der sich entfaltenden Schöpfung finden. Wir sollten unsere Führer nur danach beurteilen, wie sehr sie danach strebten, uns den Weg zu zeigen, auf dem die wahre und süße Liebe herrscht.*

Jeder Suchende sollte das Ziel haben, das Wissen, die Liebe und die Weisheit, die er empfangen hat, mit anderen zu teilen. Diejenigen, die anderen zum Führer werden, müssen wissen, daß sie Gefahr laufen, für ihre Schüler wichtiger zu werden als die Stille. Deshalb lehren die wahren Führer uns durch ihr Beispiel: sie reden weniger und dienen mehr; andere ziehen sich noch mehr in die Einsamkeit zurück. Sie sprechen und tun weniger, und ihr Wesen ist voll des zärtlichen Lachens, das die große Freude des stillen Universums enthüllt.

## Engel

Im Kloster ohne Mauern finden wir Segen, wo wir keinen Segen erwarten. Wir begegnen Engeln, deren zarte Gegenwart wir spürten, wo wir vorher nur gewöhnliche Leute zu sehen glaubten. Das Kloster ohne Mauern macht das Leben sicher genug, daß die Engel uns wieder nahen können. Viele Menschen, die nahe der Stille leben, haben die Gegenwart der Engel gespürt, auch wenn sie vorzogen, nicht darüber zu sprechen.

*Die Stille ist voller Engel; Engel über Engel gibt es dort. Engelwesen gibt es, die hoch bis an den Himmel reichen, und Engel, die ganz nahe bei der Erde sind; Engel, die über alle Güte wachen, und Engel, die nur zuschauen, wie das Gras wächst. Es gibt Engelwesen, die vor den Pforten der Verwundbarkeiten stehen, Engel für die Schwachen und die Heimatlosen und für die Bedürfnisse des Herzens und die Sehnsucht aller Kinder. Es gibt Engel, die sich um nichts anderes sorgen, als Worte aufzufangen, die wahr sind, und sie an einen Ort zu bringen, wo sie aufgenommen werden, und Engel, die über unsere Seele wachen und uns trösten, wenn wir krank sind. Und dann gibt es Engelwesen für jede Art von Übergängen: Engel, die unseren Eintritt ins Erdenleben unterstützen, und Engel, die uns im Augenblick des Todes in ihren Armen halten.*

*Es gibt einen Engel über jedem Menschen. Es gibt Engel, die ihr Licht auf unsere Wege werfen; Engel, die uns einzuschlafen helfen und uns führen, wenn wir schlummern; Engel, die unsere Pläne inspirieren und uns die Weisheit schenken, keine Pläne auszubrüten, sondern in der Einfachheit des Augenblicks zu leben. In der Stille um uns her stehen viele Engel uns zur Seite.*

*Es gibt Engel für das Wachstum aller Pflanzen, Engel für die Tiere, die im Schlamm versinken, Engel, die in Wipfeln hoher*

*Bäume und Engel, die auf dem Wasserspiegel kleiner Weiher leben. Es gibt Engel, die viele Male täglich mit Botschaften von der Erde zu den Sternen reisen, und Engel, die vielleicht ein ganzes Blumenleben lang an der Seite einer einzigen wilden Pflanze harren. Es gibt Engel, die die Blumen lehren, wie sie miteinander sprechen können, und Engel, die andere unterweisen, lebendiger zu werden, als ob sie ewige Jugend hätten. Es gibt Engel über Engel, Heerscharen von Engeln, große und kleine; eine ganze Hundertschaft von Engelwesen kann anwesend sein, um einen einzigen Augenblick der Liebe zwischen zwei Seelen zu beschützen.*

*Es gibt Engel, die sich im Lobpreis verneigen, und Engel, die das große Licht des Himmels weiterleiten. Es gibt die Aura von Engeln um jeden Heiligen, die seine Heiligkeit bewachen und seine Liebe und Freude in die Welt und in die Himmel tragen. Manche Engel wagen sich an Orte, zu denen sich kein anderer trauen würde, und es gibt Engel, die diese Engel schützen. Die Engelreiche werden in der Stille immer größer. In jedem Wetter, in jeder Jahreszeit sind Engel. Sie kommen, wenn man sie ruft, und sie erscheinen ohne Einladung. Es gibt Engel über Engel.*

*Da sind Engel, die uns führen, und Engel, die uns helfen, Dankbarkeit auszudrücken. Da sind Engel, die dicht bei der Wahrheit stehen und sie umhegen; Engel, die vergossene Tränen auffangen, und Engel, die darauf warten, ein sich öffnendes Herz zu berühren. Und da sind Engel, die bei Kindern und alten Leuten sitzen, um ihre Abgeschiedenheit zu ehren, und Engel, die nur darauf warten, uns zu helfen, die Freude zu feiern. Wo immer Leben ist, sind Engel in der Nähe, die in Ehrfurcht bereit sind in der Stille.*

## Das Kloster

Die alten Klöster, oft in Gebirgstälern oder weltfernen Wüsten versteckt, waren erfüllt von Erlebnissen der heiligen Stille, die der Welt nahezu unzugänglich blieben. Warum hätte man einer Welt, die voll vom Lärm der Vorurteile und des mangelnden Glaubens war, etwas davon sagen sollen? Heute ist unser weiter werdendes Bewußtsein nicht dazu da, die Welt mit Geschichten von Wundern und merkwürdigen Welten zu verändern. Wir suchen die Liebe in der großen Stille nur um ihrer selbst willen. Wir können diese Liebe in all ihren Formen im Herzen unseres spirituellen Lebens erfahren, das der Wiederherstellung der heiligen Stille geweiht ist.

Ob wir uns durch Gelübde leiten lassen oder fasten, um unser Leben zu läutern — unsere spirituellen Übungen helfen uns zu sehen, daß die Wege der Stille *unsere* Wege sein können. Ob wir eine neue Beziehung zur Zeit entwickeln, um in die Abgeschiedenheit des Augenblicks zu schlüpfen, oder uns unserer Träume bewußter sind, um neue Dimensionen der Einheit aufzuspüren — unsere spirituelle Praxis ruft nach größerer Disziplin in unserem ganzen Sein. Die Liebe und das stille Universum, das uns umgebende Gebet und unsere Aura wirken immer mehr zusammen, wenn wir uns zu einem geistigen Weg verpflichten. Unsere Führer und die Engel, die mit uns sind, sind wichtige Insassen des Klosters ohne Mauern. Ohne physische Mauern, die unser Leben begrenzen, ist unsere spirituelle Praxis wichtiger denn je, denn sie gibt uns Struktur und Basis für die Reise unserer Seele durch die Zeit. Unsere spirituellen Übungen sind es, die der Idee des Klosters ohne Mauern Fleisch und Blut verleihen. Sie sind es, die uns für den reinen Klang der Stille öffnen, die unsere Gedanken über die Stille in blutvolle Erfahrung verwandeln. Unsere spirituellen Übungen bringen unser Bewußtsein zu den subtilen Welten, zu den Räumen süßer Gegenwart, die sich unser innerstes Herz erträumt.

KAPITEL NEUN

# Unsere Seele und die Sterne

*Jedes spirituelle Verfahren, das uns tiefer in die Stille hinein führt, hilft uns, unsere Seele zu erforschen. In der Seele liegt die Erfahrung großen Friedens und himmlischer Visionen, die so wirklich sind wie das, was wir normalerweise sehen. Seele nimmt freudig unser Alltagsleben auf und schenkt uns das Erlebnis anhaltender Verzückung. Seele, das ist ausgedehnte Stille und die Empfindung von Grenzenlosigkeit und großem Licht. Seele, das ist Liebe, die sich ihrer selbst bewußt ist. Durch Beten öffnen wir uns einem Dom der Stille in uns — unserer Seele. Wenn wir einem Freunde lauschen, im Wald spazierengehen oder unser Kind zum Schlafen legen, können all dies Augenblicke großer Wachheit sein, in denen wir die Seele spüren. Unsere Seele heiligt die gewohnte Wirklichkeit. Die Beziehung der Welt zu unserer Seele ähnelt der Bindung zwischen Kind und Mutter. Doch Hingabe und Verständnis sind nicht auf Freunde und Familie beschränkt — wir können sie auch völlig fremden Menschen widmen. Alles Leben ist bedeutsam. Unsere Seele spürt und spiegelt die Schönheit aller Seelen, mit denen wir zusammenleben. Das Bewußtsein unserer Seele beginnt und endet nicht mit „ich", es spricht von „wir"; denn im „wir" ist jedes Wesen um uns her enthalten. Was wir für uns selber hielten, schließt plötzlich alles andere ein, Natur, das Sternenlicht, den reinen Klang der Stille, die Berührung unserer Sinne durch die Liebe. Wenn wir unsere Seele kennen lernen, wissen wir auf einmal, wie richtig alles in unserem Leben ist, auch alles, was uns entgegensteht. Unsere Seele gibt uns das Gefühl, zu einem Leben geführt zu sein, das einfach und ganz von Natur aus voller Ordnung ist. Sie erinnert uns daran, daß Liebe immer für uns da ist. Was als Erleuchtung beschrieben wird, ist die Erfahrung des Alltags, erleuchtet durch die Seele. Erhöhtes Bewußtsein aller Art ist die normale Wahrnehmung eines Lebens, in dem die Seele eine Heimstatt hat.*

Die Stille in unserem physischen Leben hilft uns, nicht zu vergessen, daß wir mehr sind als der Körper. Unsere Seele ist der frische Atem Gottes, der Teil in uns, der rein ist und der ewig währt. Das Bewußtsein der Stille in unserem Tagesleben der Vernunft und des Gemüts hilft uns begreifen, daß wir mehr sind als nur Persönlichkeit. Wir sind auch Seele. Diese Seele können wir nur kennen, berühren und erforschen, wenn wir lieben. All die verschiedenen spirituellen Erfahrungen dienen nur dazu, das Wissen über unser wahres Sein erneut zu wecken, das Leben unserer Seele, das Leben Gottes in unserem Inneren. Unsere Seele ist nichts als Gott, das ungeteilte Selbst, das Bewußtsein vollkommener Schönheit.

Manche Menschen führen ein körperbetontes Leben, vielleicht als Sportler oder während der Genesung von einer körperlichen Krankheit. Sie lernen damit diese Seite ihrer Seele kennen, ihre körperliche Erfahrung, und wie die Liebe auf ihr körperliches Tun und Fühlen einwirken kann. Manche Menschen führen ein gefühlsbetontes Leben — in einer persönlichen Beziehung oder durch Probleme mit Drogen oder Alkohol. Sie erkunden die Tiefen ihres Seins und können lernen, wie sich die Liebe auf ihre Gefühle auswirkt. Andere Menschen leben sehr äußerlich, sind damit beschäftigt, erfolgreich oder beliebt zu sein. Ihr Wesen erforscht seine Beziehungen zu anderen und zur Gesellschaft. Die Harmonie, zu der sie finden, kann sie zu ihrer inneren Harmonie und ihrer Seele führen. Jede Erfahrung des Lebens kann verschiedene Aspekte der Liebe enthüllen, und durch die Liebe begegnen wir immer weiteren Aspekten unserer Seele. Die Seele gleicht den Schichten der Liebe, eine immer reiner als die andere.

## Klosterleben in der Welt

Als Klosterleute in der Welt gehen wir darin auf, unsere Seele zu erforschen, indem wir uns der Stille in jedem Teil des Lebens bewußt werden. Wir bedürfen, um unsere Seele zu entdecken, nicht der materiellen Mauern eines Klosters, die unsere Erfahrung sichern. Unsere Beziehung zur Liebe in der Stille bestimmt allein die neuen Werte, die neue Richtung und die neue Lebensweise; sie entsiegelt unsere Seele inmitten der geschäftigen Welt. Anstatt auf Lärm rings um uns her zu reagieren, suchen wir in jeder Stimme, die wir Tag für Tag vernehmen, den wahren, reinen Klang. Statt unseren Ängsten zu erlauben, uns zu mehr Besitz- und Tatendurst zu drängen, führt uns die Ganzheit unserer Seele hin zur Freude am einfachen Sein. Die Seele weist uns inmitten dieser Welt die Wege der Versenkung, der Kontemplation. Wir beten um ein Leben, das einfach ist und wahr. Als Menschen auf dem Wege der Beschaulichkeit berührt uns die gebieterische Bedeutung der Stille mehr als die Verheißung einer materiellen Welt. Als Klosterleute in der Welt entdecken wir, daß der Friede der Einheit, die Gegenwart der eigenen Seele, uns zum Handeln aufruft, wann immer das Leben uns braucht. In allem, was wir tun, begegen wir Aspekten unserer Ganzheit.

Die Freuden und Herausforderungen unseres Lebens können ein Geschenk sein, das uns zu größerer Ganzheit führt, wenn wir sie als Aspekte unserer Seele betrachten. Jede Erfahrung kann ein neuer Bereich der Liebe sein, den unsere Seele uns erschließt. Ganzheit ohne Stille ist weder wirklich noch erwünscht; ebenso wenig kann Ganzheit, abgetrennt von der Entdeckung unserer Seele, möglich sein. Wir werden frei, wenn wir entdecken, daß wir in allem Leben mit der Heiligkeit der Stille eng verwoben sind. Als Klosterleute in der Welt leben wir versunken in die Stille, in der wir unsere Ängste von der Gegenwart der Liebe trennen.

*Kontemplative Menschen erleben häufig Augenblicke in ihrem Dasein, die voll der frischen Gegenwart von Gnade und Anmut sind. Wir sammeln unsere Freuden und unseren Schatten und bringen sie zu diesen stillen Augenblicken, die sie einen. Die Einfachheit der Liebe gibt uns Kraft, uns nicht von unserer Erfahrung abzuwenden, sondern Kurs zu halten auf dem Weg des Herzens.*

*Als Klosterleute dieser Welt sind wir demütig genug, das Gefühl des Heiligen in die Erfahrung unserer Alltagssinne einzuschließen. Im Inneren des Heiligen wird uns bewußt, daß wir mehr fühlen, mehr lieben, mehr sorgen und mehr* sind. *Unsere Seele ist ganz gegenwärtig. Wenn wir leer und offen sind, verfügbar für das unaussprechliche So-sein, können wir in allem, was wir tun, in allen Menschen, denen wir begegnen, auf unsere eigene Seele treffen.*

Von traditionellen Mönchen und Nonnen wird verlangt, daß sie ein Gleichgewicht finden zwischen intensiver Tätigkeit und einfachem Sein, zwischen Schaffen und Horchen auf die Quelle, die uns führt; von uns ist dasselbe gefordert. Manchmal treiben uns unsere körperlichen Bedürfnisse an, und manchmal kommen wir dahinter, daß es eigentlich nur unsere Ängste sind, die jene beschäftigt halten. Manchmal tragen uns die Höhen und Tiefen, die wir im Beten finden, in die vollkommene Zwiesprache mit uns selbst, ein andermal sind es dieselben Höhen oder Tiefen, die uns treiben, in der Welt aktiv zu werden und uns herzugeben. Mönche in der Welt erfahren, daß es eine Zeit gibt, den Tiefen unserer inneren Stille nachzugehen, um in die Reinheit unserer Seele einzutauchen, und daß es andere Zeiten gibt, hinauszueilen zu den stillen Wundern und den Liebesatem zu entdecken, den unsere Seele in der Welt verströmt. In beiden Phasen fliehen unsere Ängste in die Hoheit der Harmonie und des Bewußtseins, daß unsere Seele immer weiter wird.

## Die großen Heiligen

Wir lernen als Klosterleute in der Welt, daß die großen Heiligen unsere Lehrer sind. Sie sind die Menschen, die ihr Leben dafür gaben, ihre wahre Natur zu entdecken, ihre Seele. Die Heiligen erkannten, daß sie nicht getrennt von ihrer Seele leben konnten, so als ob es sie nicht gäbe. Sie wußten, daß Demut, Einfachheit und Hingabe ihnen half, ihr eigenes göttliches Wesen zu fühlen. Sie wußten, daß sie ihr Leben opfern mußten, um das wahre Leben zu besitzen, das Leben ihrer Seele. All die reichen Erfahrungen der großen Heiligen geben uns ein Beispiel, wie wir unseren Weg zur Stille, zum Sitze unserer Seele, finden können.

Viele der großen Heiligen wählten ein Leben mit den Armen, den Einsamen und Kranken, weil sie wußten, daß die Nacktesten nichts zwischen sich und der Stille haben. Andere benutzten ihren Intellekt nur zur Betrachtung der Stille und hoben ihr sexuelles Begehren dafür auf, nur nach der Liebe in der Stille zu verlangen. Es gab Heilige, die bewußt ihr körperliches Leben hingaben und für ihren Glauben starben, im Angesicht der vollkommenen Einheit der Liebe. Sie wußten, daß die Liebe ihre Seele beschützen und für sie sorgen würde. Es gab Heilige, die für Hunderte sorgten, die religiöse Orden gründeten und riesige Institutionen aufbauten, als ob all ihre Aktivitäten nur in Übereinstimmung mit dem Lichte und dem Schicksal ihrer Seele möglich wären. Und es gab Heilige, die sehr wenig für andere taten; sie waren einfach nur demütig genug, um die reinste Liebe zu empfangen, die aus der Stille in ihre Seele strömte. Dann gab es die Heiligen, die die Heiligkeit in anderen entdeckten: Sie liebten die Mutigen, die durch ihre Einsamkeit, Armut und Krankheit, durch ihr einfaches Leben der Welt anzeigten, wie einsam, arm und krank wir in einer liebesarmen Welt sind und wie schön das Leben mit der Liebe in der Stille sein kann.

Aus diesem Grunde wollte der Hl. Franziskus und andere Heilige mit den Armen leben, mit den Aussätzigen, mit denen, die ganz am Rand des Lebens standen, die kaum überleben konnten. Dort fanden sie *ihre* Seele. Sie erkannten, wenn sie der Versuchung nach Bequemlichkeit erlagen, daß sie sich mit kurzfristigen Annehmlichkeiten zufriedengaben, statt den immerwährenden Trost zu suchen, der dann kommt, wenn wir die Nacktheit der Seele in der Obhut der unendlichen Liebe in der Stille spüren. Der Hl. Franziskus küßte die Aussätzigen auf den Mund, als ob er wußte, daß er einen Teil von sich küßte, als ob er wußte, wie mißgestaltet er ohne die Liebe in seinem Leben wäre. Jeder Lebensumstand gibt uns Gelegenheit, mehr von der Seele zu entdecken, herauszufinden, wo Gott und unsere Seele unzertrennlich sind.

Die Heiligen lehrten uns, erst nach der Liebe im lautlosen Sein zu trachten und uns erst dann um unsere täglichen Annehmlichkeiten zu kümmern. Auf diese Weise werden unsere Bedürfnisse geringer, weil die Stille mehr Raum in unserem Leben einnimmt. Die Heiligen warfen alle Sorgen um das tägliche Leben ab, aber erst nachdem sie merkten, wie *sehr* das tägliche Leben uns abstützt und versorgt. Sie entdeckten, wie sehr sie in der Stille geliebt werden, wie sehr *jede* Seele geliebt wird. Dann erst warfen sie sich mit ihren täglichen Bedürfnissen an das Herz der Stille. Insgeheim lächelten sie, denn in Wahrheit gab es nichts, auf das man sich verlassen konnte, als das heilige Wunder.

## Heiligkeit

Die großen Heiligen lernten, das wahre Kleid der Seele sei die Heiligkeit. Die Erfahrung der Stille ist in Heiligkeit gekleidet. Heiligkeit beschützt uns, nährt uns und ruft uns auf, die einfache Gegenwart in jedem Teil des Lebens aufzusuchen. Wir leben in einer Kultur, die schon dem Wort sehr kritisch gegenübersteht. Unser Mißtrauen und unsere Zweifel gegenüber der Heiligkeit anderer Menschen hindern uns oft daran, die Heiligkeit in unserem eigenen Leben zu erkennen.

Mutter Theresa betont in ihren öffentlichen Reden: „Heiligkeit ist kein Luxus. Sie ist kein Privileg für wenige. Heiligkeit ist einfach Pflicht.“ Sie spricht dann weiter von der Heiligkeit, die aus dem Tun kommt, aus unserer Tätigkeit der Liebe. Die meisten Menschen streben nicht nach Heiligkeit; sie meinen, sie könnten niemals so viel Liebe empfinden, um heilig zu werden, und geben deshalb gleich auf.

Heiligkeit ist jedoch nicht das Ergebnis einer bestimmten Menge von Liebe. Heiligkeit kommt durch die Qualität der Liebe, die wir bereit sind, zu spüren und zu spenden. Mutter Theresa sagt: „Heiligkeit ist einfach Pflicht, denn wir alle sind zur Liebe verpflichtet, weil wir nach dem Bilde Gottes sind."

Heiligkeit ist nichts, was uns gehört, was wir besitzen oder nicht. Heiligkeit ist ein Seinszustand, der aus der Stille kommt. Heiligkeit ist Gabe der Geborgenheit, die jede Seele umgibt, die sich der Verletzlichkeit der Liebe öffnet. Wenn Liebe unsere Sehnsucht wird, wenn Liebe unser Handeln antreibt, zum Ziel des Tages wird, dann ist Heiligkeit zugegen. Jede Absicht zu lieben ist ein Schritt zur Heiligkeit. Jeder Akt der Liebe ist heilig. Wenn wir lieben, setzen wir unsere Entschlossenheit, zu wissen und im Heiligen zu leben, in die Tat um. Wenn unsere Seele danach ruft, daß die Stille in unserem Leben allgegenwärtig werden möge, herrscht Heiligkeit.

Heiligkeit, das ist die Aura, die die Stille um die im Herzen Reinen legt, ist die Wahrheit der Gegenwart der Liebe, die vollkommene Freude, die uns in jeder Situation des Lebens angetragen wird. Heilig sein, das heißt, der Stille freie Hand in unserem Sein zu lassen. Viele Menschen auf dem Wege der Besinnlichkeit haben Erlebnisse der Heiligkeit — die Geschenke dafür, daß sie ihr Bedürfnis nach eigener Wichtigkeit, nach unnötigem Überfluß und nach Anerkennung aufgegeben haben.

*Heiligkeit ist das sanfte Gefühl, das uns berührt, wenn wir in einer schwierigen Lage sind. Heilig ist, wenn unsere Kinder „danke" sagen und es wirklich meinen. Heilig ist das Gefühl von Sinn und Schicksalhaftigkeit, wenn wir zur rechten Zeit am rechten Orte sind. Heiligkeit ist in den Augen weiser alter Frauen auf Marktplätzen ferner Länder, ist um die schlichten Fischer in ihren kleinen Booten, wenn sie ihre Netze einholen.*

*Heiligkeit ist in jedem Sonnenaufgang und in jedem -untergang. Heiligkeit liegt in jedem aufrichtigen Akt der Liebe. Menschen, die gern geben, lassen sich leicht von Worten über Heiligkeit abschrecken, aber die Erfahrung ist ihnen längst vertraut. Heiligkeit ist zu voll von Stille, als daß Worte sie beschreiben könnten. Heiligkeit ist in der Natur, die ungestört gelassen wird. Heiligkeit liegt in dem, was einen Menschen in Not berührt, wenn wir ihm geben, ohne an uns selbst zu denken. Heiligkeit berührt uns, wenn wir von anderen bekommen, ohne daß Erwartungen daran geknüpft sind. Heiligkeit ist das Kleid, das der Seele geschenkt wird, die mutig genug ist, sich ganz und gar zu zeigen.*

*Blumen dienen dem einzigen Zweck, die vielen Farben und Düfte der Heiligkeit zu spiegeln. Kinder sind von Natur aus unschuldig, bis sie der Lärm der Welt verwirrt, ja fast verstört. Wir können sehen, wie die Unschuld ihrer Heiligkeit aus den Gesichtern weicht, als ob sie aus ihnen herausgezogen würde. Die Heiligkeit, die noch in ihnen ist, wird überschattet. Sie müssen vermutlich warten, bis der Kreislauf des Lebens sie in das Alter bringt, wo wir ein wenig weiser werden, einfacher und der Heiligkeit geneigter.*

*Heiligkeit ist jeder Seele nahe, die fühlt, daß das Leben auf dem richtigen Kurs und voller Sinn ist. Heiliges ist im Regen und im Schnee, in jeder Jahreszeit für den, der jede Zeit willkommen heißt. Solch eine Seele findet Heiligkeit im reichen und im armen Leben, in Zeiten der Gesundheit und der Krankheit.*

*Heiligkeit ist immer in uns. Menschen, die gewillt sind, sie zu fordern, entdecken, daß sie wächst, je mehr sie von sich geben. Heiligkeit ist die Erinnerung an jenen reinen Platz, den jede Seele in unserem Innern einnimmt. Früher oder später erinnern sich alle Seelen daran, daß es für Heiligkeit keinen Ersatz gibt. Heiligkeit ist die Essenz der Stille selbst, und das Leben ohne sie ist einfach unvollständig.*

*Heiligkeit, das ist das Lächeln auf unseren Lippen und die Tränen, die wir vergießen. Heiligkeit, das ist das Lächeln, das wir an anderen mögen, und ihre Tränen, die wir trocknen.*

Heiligkeit ist das einigende Erlebnis, das uns mit unserer eigenen Seele bekannt macht. Ganzheit, getrennt von Heiligkeit, gleicht der Persönlichkeit, die keine Seele hat. Heiligkeit ist die leitende Kraft, die uns die gnadenvollen Augenblicke schenkt, mit deren Hilfe wir unser wahres Selbst empfangen können. Unsere Seele leuchtet vor Heiligkeit, wenn wir unseren Teil des Schöpfers entdecken, unseren Part der Schöpfung. Heiligkeit ist der Rahmen für das Bewußtsein der Seele, ungeteilt und leer gemacht für die heilige Einheit des Lebens.

## Was in der Stille ist

Die Heiligen führen uns ein Leben der Heiligkeit vor, das uns allen möglich ist. Wir entdecken das Leben der Heiligen, wenn wir entdecken, was in der Stille ist, wenn wir uns dem Reichtum und der unendlichen Weite unserer eigenen Seele öffnen, dem inneren Leben der Liebe. Wenn wir unsere innere Bewußtheit zu schätzen lernen, werden wir uns der unendlichen Liebe, des strahlenden Lichtes bewußt, des Schatzes, den die Heiligen fanden. Sie konnten keinen Pfad einschlagen, der sie von ihrer ersten und einzigen Liebe trennte, von der heiligen Liebe.

*Wenn wir empfindsam werden für das Erleben unserer Seele, merken wir, wie der kleinste Augenblick, der sanfteste Hauch in der Stille so viel von unserem Inneren bewegen kann. Unsere kurzen Begegnungen mit der vertrauten Stille sind wichtiger als alles andere. Mit den feinen Eigenschaften, die wir in unserem inneren Leben finden, leitet uns die Stille. Die reine Gegenwart beginnt im Inneren. Aus den stillen Winkeln unserer Seele führt sie uns in Höhlen und Gärten und in die Himmel über den Wohnstätten der Stille.*

*Unser inneres Leben strotzt von den Wegen der Seele. Unsere Träume, Gefühle, Eingebungen und Gedanken sind nur der Anfang der unendlichen Sprache unserer Seele in der Stille. In unseren Meditationen und Gebeten hören wir die feine Stimme der vollkommenen Stille zu uns sprechen, um Bewußtheit und Verständnis von uns zu erlangen. Entdecken wir die Schätze unseres inneren Lebens, öffnen wir die Türen für ganze Sternsysteme, die in der Stille zu entdecken sind. Dann stellt sich heraus, daß diese Galaxien uns ganz nah sind, ganz dicht bei unserer Seele, inmitten der Herzen derer, die um uns sind.*

Jeder von uns besitzt in seinem Inneren die genaue Karte, die ihm den Weg zu seiner Seele zeigt. Unser bewußtes Erleben führt uns, Augenblick für Augenblick, dahin, wohin wir wollen. Wir sind versucht, nur die leichten und angenehmen Teile unseres inneren Lebens wahrzunehmen und eifrig nach immer neuen inneren Erlebnissen zu fahnden, anstatt erst all die Tiefen und Winkel unserer Lebenserfahrung aufzuspüren. Das innere Leben ist der frische Atem unserer Seele. Wir können niemals zu wachsam sein, niemals zu bewußt des Seins und seiner Stille in uns, der Stille in den Dingen.

## Schönheit

Unser inneres Leben gewinnt mit jeder Schönheit, die wir im äußeren Leben entdecken, an Helligkeit und Leuchtkraft. Ein sehr klarer und freudereicher Weg, die eigene Seele zu ergründen, lehrt, in uns und um uns her die Schönheit wahrzunehmen. Jeder Augenblick der Schönheit, der Freude in der Welt, spiegelt sich im göttlichen Spiegel unserer Seele. Die Schönheit, die wir in anderen und in der Natur genießen, ist Teil des eigenen Seins, denn unsere Seele ist von der Schönheit nicht zu trennen. Ein Leben, das wir dem Wahrnehmen der Schönheit weihen, wird uns zu einem Weg voll heiliger Bewußtheit.

Schönheit ist voller Stille. Wo immer wir Schönheit sehen, ist Liebe, umgeben von Stille, da. Lange wurden Ikonen als Wege in die Stille geschätzt, als Wächter der Heiligkeit. Große und einfache Kunst bringt uns der Schönheit näher, die allem Leben innewohnt.

Schönheit überall um uns her wahrzunehmen, ist ein echter Weg des Klosters ohne Mauern. Schönheit rührt uns mehr an als Ideen und Gefühle. Auf unerklärliche Weise berührt sie das Gebet, das um uns und unsere Seele ist. Jeder von uns ist davon abhängig, Schönheit in seinem Leben zu haben, ob wir uns dessen bewußt sind oder nicht. Wo immer wir Schönheit sehen, ist diese ein Ausdruck der Heiligkeit der unsichtbaren Harmonie. Die Schönheit des Lebens wird, wie die Stille, oft nicht bemerkt. Aber sie kann, wenn wir sie schätzen und suchen, ein Weg sein, um Bilder der Liebe in der unendlichen Stille zu erblicken; sie kann ein Weg werden, um uns vieler Spiegelungen des Göttlichen in unserer Seele bewußt zu werden.

Wenn wir die Schönheit der Seelen, mit denen wir zusammenleben, wahrnehmen, kann uns das zur Schönheit der Stille führen. Wenn wir die Schönheit der Jahreszeiten sehen, werden wir uns der Größe unserer eigenen Seele bewußt; wenn wir ein Auge dafür haben, wie wir uns füreinander kleiden, unsere Mahlzeiten zubereiten und bei Tische auftragen, wenn es nur frische Blumen sind, die wir im Zimmer haben, dann hilft uns das, mit dem heiligen Kloster des Lebens in Berührung zu bleiben.

*Die kleinen Dinge in unserem Leben schön zu machen, kann ein guter Weg sein, um die Gegenwart der Schönheit zu bestätigen, die immer um uns ist. Unsere Tage schön zu gestalten ist ein Weg, ein Leben zu erschaffen, das unserer Seele würdig ist, es gut zu machen, damit die Schönheit unserer Seele gegenwärtig sein kann.*

## Unsere Seele und die Sterne

In dem Maße, wie sich unsere Wahrnehmung schärft, werden wir von immer mehr Schönheit inspiriert. Das beschränkte Bild, das wir von uns selber haben, beeinflußt unser Bild von allen anderen Menschen und von der Welt um uns herum. Unsere körperlichen Stärken und Schwächen, unsere Gefühle und Launen, unsere alltäglichen

Gedanken und Phantasien und unsere Fähigkeiten und Fehler sind nur ein kleiner Teil unseres gesamten Seins. Mit der Stille in unserem Leben verstehen wir allmählich, daß wir eine Seele haben, die mit allem Sichtbaren und Unsichtbaren verbunden ist. Wir sind Teil des großen Mysteriums der Liebe. Manchmal hungern wir nach Liebe, und manchmal stillen wir das Liebesbedürfnis der anderen. Manchmal nähren wir die Menschen um uns her mit unserer Liebe und manchmal die unsichtbaren, aber dennoch gegenwärtigen Wesen in den stillen Dimensionen. Genauso wie unsere Seele ein Schicksal hat, das über das physische Leben und den Tod hinausreicht, hat unser Wesen eine Geschichte, eine Vergangenheit, die viel mehr umfaßt als unsere frühe Kindheit. Die Geschichte unserer Seele ist in unserer inneren Stille zu finden, im Gebet, das uns umgibt, und in der einfachen Gegenwart, die jeder in der Welt hat. Die Einzelheiten unserer Vergangenheit und unserer Seelenreise mögen nicht so wichtig sein. Aber wir können daran denken, einander mehr Achtung zu erweisen, weil unsere Persönlichkeit und unser Leben das Ergebnis der Evolution seit Anbeginn der Schöpfung sind.

Wenn wir die Angebote und Schätze des Lebens vielschichtig sehen, nehmen wir die Menschen, mit denen wir im Kloster ohne Mauern leben, anders wahr. Wenn wir die Menschen weniger danach einschätzen, was sie für uns *tun* können, und mehr für das, was sie uns *sind*, lernen wir das innere Universum schätzen, in dem wir alle leben und das wir alle erforschen. Die Menschen, mit denen wir zusammenleben, bringen zum Ausdruck, wie sehr sie in diesem Augenblick der Stille die Gegenwart der Liebe in ihre Gedanken, Gefühle, Hoffnungen und Ängste, in ihre Suche nach dem innersten Wesen ihrer Seele aufgenommen haben.

Wenn die Einheit der Liebe in unserem Leben gegenwärtiger wird, spüren wir allmählich die einzigartige Gegenwart, die jeder Mensch darstellt. Die Stille, die wir in uns selbst finden, öffnet uns die Tür zur Stille in den Menschen um uns her. Wir nehmen unsere Nächsten durch unser Herz wahr, wenn wir mit einem Freunde speisen, eine Stunde dem Spiel mit unserem Kinde widmen, wenn wir Versammlungen besuchen oder Sport betreiben; wir hören endlich damit auf, sie nach Verstand und Neigung zu beurteilen. In dem Maße, wie wir lernen, gegenwärtig zu sein, wird uns die besondere Schönheit ihres stillen Wesens sichtbar. In unserer Leere werden wir offen dafür, wie jeder einzelne Mensch uns tief berührt. Wir können uns der Seelen bewußt werden, mit denen wir zusammenleben. Wir können lernen, uns an ihrer ganz besonderen Gegenwart der Stille zu erfreuen. Wenn wir die Zeit gebrauchen, uns in eine Seele einzufühlen, entdecken wir, daß jede Seele eine Gegenwart hat, eine Seinsweise, die als Lichtwert wahrzunehmen ist. Jede Seele ist eine Welt von Licht, das so sanft ist wie eine Kerze und so durchdringend wie ein Strahler, subtil, stark, offen oder dicht und schwer. Alle Seelen in unserem Leben haben ihre eigene Lichtqualität, die uns berührt, wärmt und viel mehr beeinflußt, als wir das gewöhnlich merken. Es ist Zeit, wach zu werden für die Gegenwart der Stille, für die Lichtwelt in den Menschen, mit denen wir zusammenleben. Es ist Zeit, ihre ganz speziellen Energien, ihre einzigartigen Frequenzen, in unserem Leben aufzufangen und gewahr zu werden, wie sehr uns jeder Mensch beeinflußt. Es ist Zeit, wach zu werden für die Sterne nicht nur am Himmel, sondern mitten unter uns. In jeder Seele, im Inneren des Körpers und der Persönlichkeit glimmt ein Funke, vielleicht die Ur-Lichtquelle eines Sterns, von dem wir stammen.

Alle Menschen in unserem Leben sind unendlich mehr als das, als was wir sie bezeichnen: Freund oder so gut wie Freund, Koch oder Geschäftsmann, Sekretärin oder Lehrer. Sie sind viel mehr als ihre Vorlieben und Abneigungen, mehr als ihre gegenwärtigen Vergnügungen und Prüfungen, mehr als ein Ego oder eine Persönlichkeit. Die Stille macht uns mit der Seele eines jeden Menschen in unserem Leben bekannt, und unter der Anleitung der Stille spüren wir die feine Lichtfrequenz, das Wesen eines Sterns, in jeder Seele. Das Licht der Stille macht uns mit dem stillen Licht in anderen bekannt. Wenn wir weniger Gedanken und Aufmerksamkeit darauf verwenden, wie schwierig oder angenehm der andere sein mag, wächst die Stille in jeder Seele in ihre wahren Dimensionen hinein und läßt die Persönlichkeit und das gelebte Tagesleben hinter sich. Das Licht der Stille streckt sich aus und verbindet sich mit jenem ganz speziellen Stern, von dem die Seele abstammt. Jemanden in der Vertrautheit unteilbarer Stille kennen heißt einem Stern begegnen, dem einzigartigen Licht, das sich in seiner Seele beim Lernprozeß entwickelt hat.

Eine physikalische Theorie behauptet, daß das Universum in einem großen „Urknall" auseinandergeflogen sei; vielleicht wurde das Ur-Licht, das uns alle vereinte, genauso plötzlich im selben Augenblick zertreut. Vielleicht kommt unser Streben nach Vereinigung, nach der Vertrautheit des einfachen Zusammenseins, von dieser Ur-Trennung. Vielleicht erlebte das Bewußtsein einen „Urknall" und wurde zersplittert und überall im Universum verstreut, jedes ein kleines Stück des Göttlichen. Unsere Seele ist unser Teil des reinen Herzens Gottes. Durch einen göttlichen Atemzug wurden wir im Kosmos ausgesät. Dann bildete sich ganz allmählich eine persönliche Geschichte, die individuellen Züge unseres Geistes, um unsere Seele herum.

Inzwischen ist unser Leben ein Mikrokosmos des Universums, eine Welt mit Menschen, die sich zu uns hingezogen, und jenen, die sich von uns abgestoßen fühlen. In dem Maße, wie unser Bewußtsein weiter wird, verengen sich unsere Wünsche zugunsten dessen, was echt, wesentlich und notwendig ist. Die Menschen in unserem Leben sind Teil der Sterne, die einander anziehen oder abstoßen. Wenn wir die Liebe, das Licht und das Bewußtsein der anderen empfangen, sammeln wir das Licht der Sterne. Vielleicht ist jeder von uns hier, um Sterne einzusammeln, um mitzuhelfen, den Stoff des Universums wieder zusammenzuweben. Wir sind mit dem Auftrag hier, die Ur-Liebe zu bestätigen, die alle Bereiche des Lebens als ein einziges Ganzes hält.

*Die Vollkommenheit der Liebe achtet nicht auf die Oberfläche unseres Lebens, sondern ist im Inneren am Werke, in der Energie, dem Ur-Weg, dem jedes Leben folgt. Jede Seele kommt wirklich von den Sternen, und unser Ziel ist, bei der großen Verschmelzung der Erde mit dem Himmel Repräsentant unseres Gestirns zu sein.*

*In der Stille können wir spüren, wie jeder Stern seinem irdischen Ziele dient und den Traum von seiner Heimkehr in sich trägt. Angefangen mit jeder Zelle unseres Körpers, tragen wir die Zellbotschaft unseres kosmischen Ursprungs in uns. Wenn die Wissenschaftler schon herausgefunden haben, daß der genetische Code so viel darüber aussagt, wer wir sind und waren, wird es auch uns möglich sein, in der kosmischen Stille unseren Platz zu finden. Auf der Erde begegnen sich die Sterne, und es ist nur eine Frage der Zeit, bis die Stille uns die Antwort darauf geben wird, woher wir wirklich kommen und wohin wir gehen. Die Antworten kommen, wenn wir uns der wunderbaren Gegenwart weit öffnen. Die Antworten kommen, wenn die Stille in unserem Leben ihre angestammte Herrschaft antritt.*

Das Leben in der Stille macht uns bereit, den Sternen zu begegnen, mit denen wir jeden Tag zusammenleben, aber die wir nie gesehen haben. Die Stille trägt uns über die menschlichen Urteile hinaus zu jenem einzigartigen Lichtkörper, der jedes Leben zum Ausdruck bringt. Die Stille weckt uns für die wahre Aufgabe — *wir selbst* zu sein, das Licht des Sterns, das unsere Seele umgibt und sie an den Himmel kettet.

Der Tag kommt, wo wir jeden in unserem Leben willkommen heißen und offen für das sind, was er uns bringt. Jede Seele kommt von einem anderen Stern und schenkt uns eine andere Qualität von Licht und Liebe, die ein ganz bestimmtes Selbstbewußtsein schafft, alle ein Aspekt des Reinsten, ein Funkensplitter Gottes. Manche haben starke Liebe in sich, manche lieben voller Mitgefühl; die einen besänftigen uns mit weiser Liebe, die anderen rütteln uns mit Liebe auf, mit einer Wahrheits-Liebe, die wir nur schwer ertragen können; und wieder andere lieben uns ganz kindlich sanft, so wie ein süßer Duft. Manche reichen uns fürsorglich zart die Hand; sie stammen von einem Stern voll solcher Obhut. Ganz gleich, was als Persönlichkeit erscheint — sie liegt nur für begrenzte Zeit als dünne Hülle über jenem Stern, von dem wir stammen, den unsere Seele wählte, nachdem sie durch Gottes Atem entbunden war. Und jetzt ist unsere Persönlichkeit der unerlöste Aspekt der Reise unseres Sterns, der in diesem Leben entstanden ist. Der einzige Weg, unsere Persönlichkeit zu heilen, besteht darin, uns darüber klar zu werden, welch kleinen Anteil das Ego an unserem ganzen Wesen hat. Mit der Hilfe der Stille verzichtet unsere Persönlichkeit darauf zu herrschen, und unser Stern, das Licht um unser Wesen, leuchtet mehr denn je aus unserer Seele.

*Die Stille umhüllt die Erde wie ein Mantel, unter dem immer mehr Seelen die Sicherheit finden, sich zu erinnern, woher sie kommen und wofür sie hier sind. Jedesmal, wenn wir es wagen, die Liebe der anderen zu spüren, kommt das Licht des anderen Sterns zu uns. Ganz langsam durchdringen sich die Strahlen der Sterne in unserem Herzen und machen jeden von uns heil, verbinden unsere Herzen mit dem Universum.*

Recht bedacht, berührt uns jeder Mensch in unserem Leben, hat jeder Mensch in unserem Körper seinen besonderen Ort. Es gibt nicht zwei Persönlichkeiten, die uns an genau derselben Stelle berühren, und nicht zwei von ihnen spüren wir auf dieselbe Weise. Nicht zufällig wenden wir uns an den einen Freund, wenn wir Mitgefühl benötigen, und an einen anderen, wenn wir verstanden werden wollen; den einen suchen wir zum Spielen, den anderen, wenn wir herausgefordert werden wollen. Was wirklich stattfindet, ist die Begegnung der Gestirne. Verschiedene Qualitäten von Licht verschmelzen, heilen, schaffen Ganzheit und vereinen die Bruchstücke unseres Bewußtseins. Diese Lichtqualitäten sind durch unsere Beziehungen, unsere spirituelle Arbeit, durch das Leben unserer Seele verfeinert und anverwandelt worden. Wir sind aufgerufen, uns auf jede menschliche Begegnung vorzubereiten wie auf eine Begegnung mit dem Göttlichen. Wenn wir uns dem Göttlichen im anderen Menschen öffnen, ist der Lärm des Lebens der Stille ganz gewichen.

Die Menschen, denen wir am nächsten sind, unsere Eltern und Verwandten, haben den größten Einfluß auf uns. Wir nehmen ihre feinsten Ausdrucks- und Verhaltensweisen wahr. Jede Familie, ein Sternenhaufen, ist ein Verband, der Angst und Liebe auf seine Mitglieder ausstrahlt. Wenn wir unsere Ängste lieben, haben die Ängste der anderen auf uns weniger Einfluß. Wenn wir uns der Stille bewußter werden, können wir uns unbesorgt dem ihnen eigenen Sternenlicht aussetzen, ganz gleich, wie nahe oder ängstlich fern sie selbst dem angestammten Lichte stehen mögen. Vielleicht sind wir wegen ihres Sternenlichts in unsere Familie geboren worden. Die Herausforderungen und Probleme, denen wir in unserer Familie begegnen, rufen danach, sie im großen Heilungsprozeß unseres Bewußtseins gesund zu machen. Wenn wir nicht das Göttliche, das Licht der Sterne in unseren Eltern und Verwandten sehen können, sehen wir nicht die Wahrheit. Solange wir an uns selber denken, uns verteidigen, den anderen ins Unrecht setzen, hat die stille Gegenwart noch nicht den rechten Platz in uns gefunden, haben wir uns noch nicht den letzten Stadien der Heilung geöffnet, wo der Lärm des Abgelebten durch Vergebung, Liebe und Dienen zur Ruhe kommt. Das Kloster ohne Mauern ruft uns zu der einzigartigen Stille, zur Gegenwart des Sterns, des Göttlichen in jenen Menschen, die uns am nächsten stehen.

Wenn wir der Stille Platz in unserem Leben einräumen, lösen wir die alten Muster, die uns von unserer Seele trennen, auf. Wir entwerfen neue Wege des Seins für uns und unsere Nächsten. Wenn wir unseren Eltern verzeihen, weil wir sie verstehen, geben wir ihnen Gelegenheit, auch ihren Eltern zu verzeihen und sie zu verstehen. Heilung kennt keine Grenzen in der Stille. Wir können uns nur ausmalen, wo die Heilung wirklich anfängt und wo sie endet. Wenn wir uns der Liebe in den Menschen öffnen, die uns am nächsten stehen, ändert das vielleicht auch ihre Gedanken und ihre Wahrnehmung von den Menschen, die ihnen nahestehen, selbst wenn das anfangs nicht bewußt geschieht. Da Süchte, Gewohnheiten und Unsitten sich von einer Generation zur anderen fortpflanzen können, setzt die Heilung unserer Beziehungen nicht nur dem zerstörerischen Prozeß in der jetzigen Generation ein Ende, sondern sendet die Gegenwart des Heils durch unsere Eltern zu deren Eltern und weiter zu deren Eltern und so fort. In der Stille, in den Bereichen des Bewußtseins, sind unsere Vorfahren nicht von uns getrennt. Die Bande zwischen uns und den verstorbenen Seelen, allen Seelen, sind stark und leben in der Stille weiter. Wie können wir sagen, es sei zu spät für Liebe und Vergebung, wenn wir an die Seele und das Weiterleben nach dem Tode glauben? In der Stille sind unsere Vorfahren anwesend und warten vielleicht darauf, von den Banden der Angst und Schuld befreit zu werden, die sie gefangen halten, so daß auch sie sich in mehr Licht hinein erweitern können. Unsere Ahnen sind ganz nah der Pforte in die Stille, zu der unsere spirituelle Arbeit uns alle Tage führt. Ihre Gegenwart und ihre Liebe sind Teil der großen Liebe, die die Stille uns zur Heilung unserer Wunden, unseres Lärms, in vollkommener Ruhe schenkt. Da die Seelen vieler Geschlechter von einer wahren Seele berührt werden, kann unsere Seele in der Stille ohne Schranken bei der großen Heilung helfen. Es ist nie zu spät, die einfache Gegenwart der Liebe wiederherzustellen. Unser Gebet, unser Bewußtsein in der Stille, berührt alle Wesen. Unsere Vorfahren warten vielleicht auf unsere bewußte Mühe, auf unsere Vergebung. Sie warten vielleicht darauf, daß wir ihre Liebe annehmen, die Liebe, die seinerzeit hinter ihrer angsterfüllten Persönlichkeit verborgen war. In der Stille sind viele Wesen aufgereiht und beten darum, daß ihre Liebe angenommen werden möge. Und jeder Augenblick, in dem wir offen sind, hilft die empfangene Liebe einem anderen Wesen zu größerem Bewußtsein und hellerem Licht. Unsere Vorfahren sind in der Stille eng mit uns verbunden. Wenn wir uns auf den Weg begeben, der vor uns liegt, können wir unmöglich sagen, wieviele Wesen auf diesem Wege wirklich mit uns sind, glückselig, daß wir für sie gegenwärtig sind.

*Wenn ein Familienmitglied sich wandelt, sind alle Mitglieder davon berührt. Wenn eine Seele sich selber hört und frei wird von den Banden des Lärms, die sie umklammert halten, wer will sagen, wieviele andere Seelen, wieviele Generationen in denselben Augenblicken der Befreiung ebenfalls erlöst werden? Da die Liebe den physischen Tod überdauert, ist die Liebe zwischen früheren und jetzigen Generationen ein endloses geistiges Band, das uns für immer vereint hält. Demut und Achtung, Hingabe und liebende Sorge können viele Seelen in der Stille erreichen. Ebenso möchten viele Seelen in der Stille, die ihr Licht gefunden haben, ihre neu entdeckte Erleuchtung mit uns teilen. Unsere Träume, Meditationen und Gebete und unser Alltagsleben können offen sein für unsere Vorfahren und für zukünftige Geschlechter. Durch unsere Heilung wird die Vergangenheit geheilt. Unsere Befreiung erlöst die Zukunft. Unser Lieben in Vergangenheit und Zukunft ist ein Teil von uns, ist eng verbunden mit der Stille unserer Seele.*

Näher an der Stille lebend, sind wir unserem ureigensten Wesen näher und weniger von unserer Alltagspersönlichkeit und der der Menschen um uns her beeinflußt. Angst wird durchsichtig, wenn wir ihr nicht durch unsere Sicht Nachdruck verleihen. In der Stille lebend, können wir unser Sternenlicht abstrahlen und das der anderen empfangen.

Mit unserer spirituellen Praxis, dem Gebet der Stille, können wir offen und empfänglich sein für Liebe. Wir können das einfache und reine Licht der anderen unmittelbar aufnehmen und uns daran freuen. Je näher wir der Stille sind, desto näher können wir der Stille in allen sein, die mit uns sind. Ihre Angst, ihre Persönlichkeit hindern uns nicht, denn auch unsere Angst, unsere Persönlichkeit sind wenig mehr als eine dünne Schicht über den Tiefen unserer Seele und dem Sternenlicht im Inneren. Wenn wir ahnen, wer wir wirklich sind, werden unsere Ängste und täglichen Dramen weniger wichtig. Die Seelen werden wesentlich in unseren Leben. Für unsere eigene Ganzheit ist es wichtig, daß wir ihr Licht erblicken können; um den Himmel in uns zu finden, müssen wir spüren, was ihre Gegenwart uns gibt. Alle Seelen in unseren Leben können auf ihre ganz besondere Weise helfen, uns weit zu machen für mehr Sein und für mehr Liebe. Die Stille macht uns sensibler für das wahre Licht um uns, für die schöne Sternenliebe jedes Menschen in unserem Leben. Das Kloster ohne Mauern ist die Heimat, die wir den Sternen erbauen. Wir können innerlich so leer sein, daß die große Vereinigung der Sterne in uns erfolgen kann. Jeder von uns kann sich des Heiligen erinnern, mithelfen, es wieder in unser Bewußtsein hineinzutragen, in jeden Teil des Lebens auf der Erde und im Kosmos.

## Unser Stern in der Stille

Viele Religionen der Welt nennen den großen Stern, der nach uns ruft, den Stern des Friedens. Geistige Führer aller Zeiten sprechen von dem vollkommenen Gestirn der Stille und beten um seine Ankunft oder Wiederkehr. In den verschiedenen Bräuchen und Ritualen dieser Welt trachten die Menschen nach dem einen Sternenlicht, das voll Verheißung ist. Wichtig sind nicht unbedingt die Worte, die wir für die reinste Liebe finden, sondern wie wir sie empfangen und was wir täglich für die anderen tun. Wir sind alle Teil des großen universalen Schauspiels in der Stille. Viele, viele Seelen nehmen wissend daran teil, schließen sich dem Gebet für alle Wesen an, dem Gebete für den einen Stern, für das eine Licht, das alle Seelen zur Liebe bringen wird und das schon jetzt den Frieden in so viele Winkel der Erde trägt. Wenn wir wagen, zur Gegenwart des Sternenlichts in unserem Inneren zu *werden,* öffnen wir uns dem einen großen Stern, der alles Licht in sich versammelt.

*Inmitten des Lärms und der Verwirrung des Alltags verkörpert jeder von uns ein Sternenlicht, das in uns leuchtet und uns auf unseren Weg ins stille Wunder zieht, zu jenem Platz, von dem wir stammen, wo unsere Seele im Atem Gottes ihren Anfang nahm.*

*Wir finden unsern Stern der Stille unter all den Sternen, wenn wir unsere spirituelle Praxis finden, unsere Worte und unser wahres Wesen. Jeder Tag, jede Fährte, der wir in die Stille folgen, schält ein wenig mehr von unserer Getrenntheit ab. Die Mauern, die wir um uns her errichtet haben, werden weniger wichtig, wenn wir den Schutz des Klosters ohne Mauern um uns spüren. Die Liebe der Stille trägt langsam unsere Scheidewände ab, enthüllt Gebet rundum, den Stern in uns, der uns zu jenem Lichte trägt, der über alles Bewußtsein und den Kosmos herrscht.*

Wir sind aufgerufen, nur Gegenwart zu sein, nur Liebe, die die schlichte Stille in uns offenbart. Auf unserem innersten Wege spüren wir den Sog, die Schwerkraft unseres Sterns und all der anderen. Unsere intuitive Weisheit spricht zu uns. Auf unserem Wege in die Stille leuchtet ein heller Stern hoch über uns. Es ist der Stern, der uns behütet, der uns führt und hilft, das Wesentliche in unserem Leben zu erfüllen.

*Die Seele, die in der Stille ihren Stern gewahrt, beugt sich in Demut, weiß, daß ihr Leben auf dem rechten Kurs ist, voll mit allem, was ihr wichtig ist, um vollends sie selbst zu sein. Alles Nötige, das uns zukommt — Nahrung, Obdach, Gesellschaft und auch Kraft und Mut — steht für die Liebe in der Stille, steht für Schönheit, Anmut und für Lebensfülle.*

## Das Kloster

Die Zeit ist reif, daß das Bewußtsein in unserem Kampf ums Dasein seine überragende Bedeutung zurückgewinnt, daß der reine Klang der Stille den Lärm verwandelt, unter dem wir leiden. Wir wissen, daß unsere Erde aus ihrem heillosen Zustand erlöst werden kann, wenn wir unsere Fähigkeit entwickeln, dem Leben in all seinen Formen zu dienen. Auf diesem Wege wird uns ein namenloser Friede zuteil. Waren bisher die Klöster aller Religionen die überlieferten Bewahrer heiliger Stille, ist es nun an uns allen zu wagen, diese Heiligkeit zu finden, die allein die Erde wieder heilen kann und uns die Würde gibt, die unser Menschsein, unsere Seele und den Stern in unserem Innern heilt.

*Es ist an uns, die Stille einzusammeln, der Zeiten zwischen den Zeiten gewahr zu werden, der Gegenwart, die alles ohne Worte sagt, die schenkt und schenkt und keine Anerkennung braucht. Als eine Welt von Nonnen und Mönchen, die ein ganz gewöhnliches Leben führen, sammeln wir die Stille, geben wir Zeugnis von der Stille, gewähren wir der stillen Liebe Zuflucht, wagen wir es, unser Leben zu einem Leben der Gnade zu machen. Wir leben unser Leben in der Verpflichtung, den Frieden auf der Erde, das empfindliche Gleichgewicht des Lebens, der Luft, des Wassers, des Feuers und der Mineralien wiederherzustellen. Die Aufmerksamkeit, die wir der Stille schenken, ehrt die Erde und das Gebet, das sie und uns umgibt, während die Erde in heiliger Achtung sich selbst darbringt als Ort für die Vereinigung der Sterne. Die Erde schenkt sich uns als eine Stätte, wo jede Erfahrung von Glauben und von Liebe uns das wahre Wesen unserer Seele wieder entdecken läßt. Im Kloster ohne Mauern empfangen wir einander als Seelen, als Sterne des Himmels, die in der stillen Freude des Wiedervereintseins mit dem Unbegrenzten das Leben feiern.*

**Bruce Davis**

hat außer dem vorliegenden drei weitere Bücher geschrieben, die seinen spirituellen Weg belegen: *Das Magische Kind in Dir, Liebe heilt* und *Blumen für Dich* (alle im ch. falk-verlag).

1986 entstand unter seiner Leitung *Spring Grove,* eine Gemeinschaft, die im Geiste des heiligen Franziskus wachsen und leben will. Wer darüber mehr Informationen haben möchte, wende sich bitte an


Spring Grove
417, Laurel Ave.
San Anselmo, California 94960
Fax 001/415/4530604


Seit vielen Jahren arbeitet Bruce auch in Europa, und wer an seinen Seminaren, Vorträgen oder Retreats teilnehmen möchte, informiere sich bitte bei


Gabriele Kottmann
Hochwinkel 49
51069 Köln
Tel. 0221/681377

## BLUMEN FÜR DICH . . .
### Geschenke des Augenblicks
### von BRUCE DAVIS

365 Tage hat ein Jahr – dreihundertfünfundsechzigmal Gelegenheit, Gott in unser Leben einzuladen.

Wie wäre es denn, wenn wir jeden dieser vielen Tage mit ihm sprächen und ihm alles, was uns beschäftigt, vorlegten, auf seine Antwort hörten und nach ihr handelten?

Dann wäre er wohl *da* – nicht mehr der ferne Gott, dem man einmal pro Woche Referenz erweist, sondern der alltägliche Gott, nah, vertraut, ein guter Freund und Ratgeber.

Bruce hat es versucht. 365 mal vom Oktober 1986 bis zum Oktober 1987 mit ihm gesprochen: Zwiegespräche des Herzens. Das ist es, was er uns hier vorlegt – und *vor*lebt, wie es die besondere Gabe von Bruce ist. Es ist *sein* Geschenk an seine Mitmenschen, wie es schon im *Magischen Kind in dir* und in *Liebe heilt* zum Ausdruck kam: am „eigenen Leib" zu zeigen, daß das Unmögliche möglich ist, daß Gott *nah* und erreichbar und ... verläßlich ist!

Wir können auf ihn bauen – dreihundertfünfundsechzigmal im Jahr!

ISBN 3-924161-10-0
Hardcover / 180 Seiten / 34,— DM

**ch. falk-verlag**

**Bruce Davis**

# DAS MAGISCHE KIND IN DIR

„In jedem von uns sitzt ein Kind, das schreit: Hör mir zu! Ich habe es satt, Tag für Tag ignoriert zu werden. Du gehst zur Arbeit, du gehst mit deinen Freunden aus, du schläfst, du ißt, du lebst dein Leben, als ob ich gar nicht da wäre. Aber was machst du dir wirklich aus mir? Fragst du mich je, was ich eigentlich will?

Ich sitze hier und warte und warte, daß du mich endlich einmal wahrnimmst. Zuerst haben deine Eltern Teile von mir ignoriert, und dann hast du da weitergemacht, wo deine Eltern aufhörten.

Kannst du dich an mich erinnern? Ich bin deine Gefühle, deine Träume und Phantasien. Ich bin derjenige, der immer gern in den Park ging. Ich bin der, der gern Pizza ißt, der Bonbons, Berge und Sonnenschein liebt und der spielen will. Ich bin der, der in den Arm genommen werden und hören will, daß er geliebt wird. Ich bin das Kind in dir, *ich bin du*!"

Ein amüsant geschriebenes und reizend illustriertes kleines Buch über ein großes Thema: *Selbstbestimmung.*

In der Flut von Anleitungs- und Ratgeberbüchern und Therapieangeboten erhebt sich hier eine Stimme, die etwas sehr Einfaches in Erinnerung bringen will: nämlich den Menschen, der wir schon sind — ausgestattet mit allen Fähigkeiten, die wir brauchen, um unser Leben und unser Glück selbst in die Hand zu nehmen.

Dr. Davis ist Psychologe, und obwohl er auf Transaktions-Analyse, Gestalt- und Primärtherapie aufbaut, benutzt er weder den Jargon noch die Struktur eines Systems. Vielmehr will er in diesem freundlichen Buch dem Leser ganz einfach Mut zur eigenen Entscheidung machen.

**ch. falk-verlag**

**ISBN 3-924161-05-4**

Bruce Davis

# Liebe heilt

*Liebe heilt* ist die wahre Geschichte von zwei Leuten, die sich in einem Traum begegneten, bevor sie sich noch „wirklich" kannten, und im Vertrauen auf diese innere Führung gemeinsam den Weg beschreiten, sich selbst und den wahren Sinn ihres Lebens zu entdecken.

Begleiter und Mentoren auf ihrer Reise sind eine Schamanin aus Alaska, psychische Heiler auf den Philippinen und last not least ein ungewöhnliches Buch: *A Course in Miracles (Ein Kurs in Wundern).* In aller Offenheit und Liebe erzählen Bruce und Genny von ihren Schwierigkeiten und Schwächen, aber auch von ihrem wachsenden Zutrauen in das Göttliche Selbst, das in ihnen wie in jedem Menschen lebt und auf so wunderbare Weise das Leben umgestaltet, wenn man sich Ihm nur überläßt.

Aus Bruce und Genny wurden — zu ihrer eigenen Überraschung — Heiler; sie gründeten in Kalifornien ein „Zentrum für spirituelles Heilen" und reisen rund um die Welt, um ihre Erfahrungen an andere weiterzugeben, zu heilen und zu helfen.

Zart wie der Hauch eines sanften Windes weht die Liebe durch die Seiten von Bruce' und Gennys Buch, Wunden heilend, Vertrauen weckend, Hoffnung gebend.

„Genny und Bruce berühren die Herzen ihrer Mitmenschen, so daß diese wiederum andere Seelen erreichen können. Damit wird eine Welle der Liebe ausgelöst, die über die Erde geht."
Dina Rees, im März 1985

„**Liebe heilt** ist eine bezaubernde Reflexion der Lehren des *Kurs in Wundern (A Course in Miracles).* Hier haben sich zwei Studenten so sehr in seine Leitgedanken vertieft, daß sie ihr Lernen der Welt demonstrieren." Judy Skutch, Präsidentin der *Foundation For Inner Peace*

**ch. falk-verlag**
ISBN 3-924161-04-6